O PODER DOS INFINITOS

UM GUIA PARA ENTENDER OS INFINITOS NO COTIDIANO

O PODER DOS INFINITOS

VICENTE P. CAMPOS PHD

UM GUIA PARA ENTENDER OS INFINITOS NO COTIDIANO

LETRAMENTO

Copyright © 2020 by Editora Letramento
Copyright © 2020 by Vicente P. Campos

DIRETOR EDITORIAL | **Gustavo Abreu**
DIRETOR ADMINISTRATIVO | **Júnior Gaudereto**
DIRETOR FINANCEIRO | **Cláudio Macedo**
LOGÍSTICA | **Vinícius Santiago**
COMUNICAÇÃO E MARKETING | **Giulia Staar**
EDITORA | **Laura Brand**
ASSISTENTE EDITORIAL | **Carolina Fonseca**
DESIGNER EDITORIAL | **Gustavo Zeferino e Luís Otávio Ferreira**
REVISÃO | **Daniel Rodrigues Aurelio - BARN Editorial**

Todos os direitos reservados.
Não é permitida a reprodução desta obra sem
aprovação do Grupo Editorial Letramento.

Dados Internacionais de Catalogação na Publicação (CIP) de acordo com ISBD

C198p   Campos, Vicente P.

O poder dos infinitos: um guia para entender os infinitos no cotidiano / Vicente P. Campos. - Belo Horizonte : Letramento, 2020.
118 p. ; 15,5cm x 22,5cm.

Inclui bibliografia.
ISBN: 978-65-86025-18-7

1. Autoajuda. 2. Cotidiano. I. Título.

2020-569

CDD 158.1
CDU 159.947

Elaborado por Vagner Rodolfo da Silva - CRB-8/9410

Índice para catálogo sistemático:
1. Autoajuda 158.1
2. Autoajuda 159.947

Belo Horizonte - MG
Rua Magnólia, 1086
Bairro Caiçara
CEP 30770-020
Fone 31 3327-5771
contato@editoraletramento.com.br
editoraletramento.com.br
casadodireito.com

7	**INTRODUÇÃO**
	CAPITULO I
9	**O INFINITO NA VIDA HUMANA**
	CAPITULO II
15	**A ATUAÇÃO MONOFOCAL DO CÉREBRO HUMANO COMO DIFICULDADE PARA VIVER COM OS INFINITOS**
	CAPITULO III
19	**POLARIDADES E LIMITES**
	CAPITULO IV
25	**A QUIETUDE E A INQUIETUDE**
	CAPITULO V
33	**O INÍCIO E O FIM**
	CAPITULO VI
37	**O FEIO E O BELO**
	CAPITULO VII
41	**O BEM E O MAL**
	CAPITULO VIII
45	**O POBRE E O RICO**
	CAPITULO IX
49	**O NOVO E O VELHO**
	CAPITULO X
65	**A VERDADE E A MENTIRA**
	CAPITULO XI
71	**O INTERIOR E O EXTERIOR**
	CAPITULO XII
75	**O CONSCIENTE E O INCONSCIENTE**
	CAPITULO XIII
79	**IRRACIONAL E RACIONAL**

	CAPITULO XIV
83	**O PASSADO E O FUTURO**

	CAPITULO XV
89	**DOENÇA E SAÚDE**

	CAPITULO XVI
93	**A FÉ E O CETICISMO**

	CAPITULO XVII
97	**O FINITO E O INFINITO**

	CAPITULO XVIII
109	**REFLEXÕES PARA ALCANÇAR O EQUILÍBRIO E PAZ**

| 115 | **MENSAGEM FINAL** |

INTRODUÇÃO

Os infinitos estão presentes nas variações, em tudo que tem massa, como também nos abstratos, por exemplo na inquietude, nos pensamentos e em tantos outros. Além disso, estamos numa sociedade dos excessos. Tudo vem em toneladas como no infinito: informação, cultura, alimentos, arte, religião...

Tudo que existe é difuso – e com enormes gradações. A matéria e também os fatos abstratos possuem enormes variações que nem sempre são visuais ou perceptivas. No entanto, o nosso cérebro só aceita uma informação de cada vez, tornando impossível processar toda a infinitude. E a quantificação de inúmeros processos e meios de vida é rejeitada. Assim, o cérebro de qualquer um de nós, arbitrariamente, criou fronteiras, polos, em que a partir deles nada existe, tornando finito os inúmeros infinitos da vida cotidiana.

A vida humana foi simplificada pela polarização, negligenciada a quantificação, e tornou fácil conduzi-la, sem esquecer que no intervalo entre os polos, artificialmente criados, cada um de nós está ancorado. Busca-se estimular o leitor a encontrar seu ponto de ancoramento, os limites. Ao final, após tantos confrontamentos com os infinitos, nele nos tornamos. O livro apresenta análise de várias polaridades criadas no cotidiano de cada pessoa em uma linguagem simples, atrativa, desafiante e motivadora da reflexão, em um diferencial marcante com tudo até então escrito.

CAPÍTULO I
O INFINITO NA VIDA HUMANA

O infinito eleva a escolha ao andar mais elevado da vida humana. Defina os meios corretos para fazê-la e encontrará a felicidade ou o sucesso.

Imponente, ocorre sempre na vida humana uma diversidade indescritível em tudo que vemos, sentimos e compartilhamos, possibilitando escolhas variadas e vidas diferentes para cada um. É a infinitude que nesse sentido embeleza a vida, mas nos deixa atômicos, por exemplo, pelas incontáveis feições que observamos nos rostos das pessoas com quem nos cruzamos pelos caminhos. Pelos imensuráveis tipos de profissão que permitem a todos obter trabalho e renda. Pelos inúmeros sons musicais, gostosos ou nauseantes, que entulham nossos ouvidos. Pelas inúmeras formas, sejam da beleza ou da feiúra humana, dos animais, dos objetos, da natureza – do Céu e da Terra, enfim – que atarefam nossos olhos na ânsia de entendê-los ou de obter prazer e desejos que embelezam ou envergonham nosso firmamento, nos deixando maravilhados com essa capacidade e oportunidade de ver tudo ao redor. Pelos inúmeros sabores gostosos ou desagradáveis que dificultam nosso paladar em reconhecê-los, principalmente na alimentação e bebidas. Pelos inúmeros revestimentos das formas que confundem nosso tato ao tentar reconhecê-las, mas que traz satisfação plena e profunda quando nela se reconhecem a beleza e a suavidade da pele humana. Parece que tudo passa pelo infinito.

A infinitude está em todo ambiente em que vivemos desde as formas (o que tem massa) até nas ideias e pensamentos. Está ainda na dinâmica da transformação, criando novos objetos, componentes físicos e compostos químicos. Criam-se diversidade e beleza nas formas de bens produzidos. Criam-se alimentos diversificados. Criam-se moradias, veículos, instrumentos variados e assim por diante.

A infinitude está na competição ferrenha e avassaladora que conhecemos no mundo atual. Versões da mesma vida, para aqueles que querem copiar as maneiras dos outros viverem, expõem a face da infinitude nas inúmeras possibilidades que existem na condução da vida, mesmo na pequena capacidade de alguns na busca por caminhos diferentes para viver diferente. Ninguém leva a vida igual a de outra pessoa, mesmo que queira. Em si mesma, a vida passa por infinitas alterações, que são as estações da vida, como a infância, juventude, adolescência, a fase adulta e a velhice. Precisa-se ainda separar a infinitude dos fatores que nutrem o corpo como os prazeres e os desejos daqueles que nutrem a alma, tais como a caridade, o perdão, a misericórdia. A alma é a infinitude maior que está dentro de nós.

É preciso ter força e planejamento para enfrentar o infinito e criar nele o espaço e os meios para viver. Ficamos amedrontados e impossibilitados de conhecer todo o infinito. É por isso que criamos especialidades. Somos todos especialistas numa pequena área do infinito. Uma evolução na busca do conhecimento do infinito é a decisão de se trabalhar em grupos. Nos empreendimentos comerciais formam-se grupos de especialistas como nas clínicas médicas, nos escritórios de advocacia, na engenharia, no ramo das pesquisas de mercado etc. Quanto mais o tempo passa parece que o infinito cresce. Talvez porque passamos a conhecer mais um pouco dele e a imaginar que o infinito cresce para o infinito. A infinitude está na diversidade, alternativas e possibilidades que exigem de nós discernimento, equilíbrio para conviver com as diferenças, com as buscas para o mesmo espaço, negócio, para a mesma profissão, para a mesma amizade e amor. A infinitude sempre abre uma porta de saída quando algo deu errado na sua vida.

Precisamos de meios para definir espaços nessa infinitude e fazer da vida algo exequível, gerenciável e possível de viver num espaço e tempo finitos com esse cérebro maravilhoso que nos foi concedido, mas que é também finito na operacionalização dos atos de viver. Só vivemos nesta vida de agora no finito. O finito é o limite que enfrentamos em cada ato da vida. Precisamos limitar o universo de tudo que precisamos para viver e tornar a vida alegre e feliz.

Não tenha dúvida de que são infinitos os modos e meios para a vida humana, com diversidades e intensidades variadas. Assim os modos e meios de viver são qualitativos e quantitativos. Tudo na vida está à espera de ser quantificado, criando efemeridade na sua existência. A infinitude e a quantificação dos modos e meios para viver nos amedronta, principalmente aos jovens adolescentes, bem como os adultos jovens, mas também a todos em qualquer idade. Para contornar isso cada um recebeu talentos e limites para o corpo e a mente. E as sociedades criaram processos padronizados para treinamentos desde o pré-escolar até a universidade. E a vida se tornou um treinamento contínuo, até para idosos, às vezes para manter o cérebro ativo e evitar o Mal de Parkinson ou o Mal de Alzheimer. Tudo isso porque não se consegue viver no infinito e assim definimos um ponto nele, criando o finito e, com ele, a verdade. A verdade é a base, é a fundação para se construir a vida. A verdade é, portanto, finita, mas está sempre com tendências para o infinito. Por isso ela é móvel. O que é verdade hoje pode não ser amanhã. A verdade só é aceita como tal em certo contexto e tempo.

Mesmo edificando as bases da sua vida, isto é, definindo a moradia e o trabalho, os humanos necessitam de energia para fazer a vida sempre motivante e com sentido. Nesse contexto, a ilusão nos abre novas janelas ajudada pelo sentimento. O cérebro privilegiado que temos nos possibilita o pensamento; e, a ele ligado, estão os sentimentos. Pensou, já sentiu os efeitos do pensamento. A vida humana é sentida por cada um neste momento, como uma sequência de fatos incluindo os que já passaram, os que transcorreram agora e os que ainda vão chegar. Os que já passaram têm contornos fixos. Os que transcorreram agora ainda podem ter mudanças no local de ancoragem. No entanto, os que ainda vão chegar (futuro) podem representar vários pontos na ancoragem sonhada ou ilusória, tendendo para o infinito. A ilusão é uma peça essencial para criar e planejar o futuro, mas expande a infinitude. O futuro é infinito, cheio de possibilidades, algumas delas planejadas como a carreira profissional, o casamento, a aquisição de bens, entre outras. Mas tudo isso, mesmo que planejado, pode ser ilusório, até que se concretize e torne realidade. A criança tem a ilusão que o Papai Noel existe, mas encontra a realidade de sua inexistência. O/A jovem tem a ilusão de que a/o namorada/o seja fiel. Mas nem todos são. Então, ele/a se depara com a sua realidade. A ilusão é a janela aberta para a construção do futuro.

Se a ilusão leva ou não a realidade não se pode afirmar mas, no mínimo, ela define um ponto na infinitude do porvir. Assim a ilusão se diferencia do infinito. Essa infinitude de pontos no porvir nos atrapalha e nos deixa confusos e sem certeza de nada. Mas a ilusão pode ajudar, definindo um ponto, de modo a chegar na execução de qualquer ideia por meio da atitude. O nascimento do pensamento pode gerar algo real. É a ilusão tornando realidade. São tantas as ilusões criadas ao longo da vida! Muitas vão se apagando pela demora em tornar realidade, finita.

Durante o reinado da ilusão, ela pode ser útil, criando momentos saudáveis na parte orgânica e psicológica do corpo. Fala-se que a vida é feita de ilusões. Pensar numa garota bonita, encantadora, amorosa e mais profundamente nas partes de seu corpo pode ativar os hormônios sexuais e alterar a fisiologia do corpo e, com isso, aliviar até o estresse, causando sensação agradável e alegre. A ilusão de ter certo imóvel – como uma casa na praia – cria uma sensação de posse transitória e virtual e pode dar sentido a vida, traçando um futuro diferente. É o reinado da ilusão que é breve mas útil. As ilusões podem ser credenciais para uma vida alegre e feliz.

As fontes maiores de ilusões são: amor, fé, esperança, desejos, prazeres e criatividade. No amor, pode-se arranjar um/uma namorado/a e esperar que ele/ela seja fiel, carinhoso/a, compromissada com a futura família, entre outras coisas. Na fé, pode-se esperar que recursos serão conseguidos para comprar a casa própria. Na fé religiosa, pode-se esperar uma vida até melhor após a vida de agora. Na esperança pode-se pensar na melhoria da vida após a formatura na universidade. No desejo, pode-se cobiçar a aquisição de carro automático e luxuoso após o crescimento dos filhos. Nos prazeres, pode-se pensar em férias numa ilha do Caribe. Na criatividade, pode-se "viajar pelo desconhecido" na busca de algo novo. A ilusão leva à criatividade explorada não só pelos artistas, músicos, poetas, arquitetos, mas também por qualquer pessoa que busca caminhos novos, desconhecidos, não deixando que o futuro repita o passado. As ilusões mais difíceis de interpretação pelo cérebro humano são as abstratas. Os insumos abstratos necessários à vida como a beleza, a saúde, a riqueza, entre outros, merecerão discussões neste livro – apenas aqueles mais relevantes à condução da vida das pessoas. A natureza abstrata deles está na impossibilidade de ter uma constituição física (massa) por si só, mas com realidade exposta na aplicação em um corpo físico, como o humano, por exemplo. A doença se torna real pelos sintomas; sem eles, não conseguimos senti-la. E vê-la é completamente impossível. A riqueza só existe se temos coisas para comprar, como ensina o capitalismo. A beleza se manifesta num corpo físico, humano ou material.

Além dos insumos abstratos com natureza infinita que usamos para viver, temos aquele que também é infinito, mas não tem manifestação perceptível pelas nossas vias sensoriais. Trata-se do espírito, mas nele nos tornaremos.

Os insumos abstratos utilizados no exercício da vida humana têm início e fim difusos (infinitos), o que impossibilita o cérebro que temos de senti-los na sua inteira grandeza. No entanto, precisamos sempre estar lidando com eles, criando um conflito com o cérebro finito que temos. Perante a essa infinitude nos meios e processos para viver, o cérebro, no cotidiano das pessoas, delimitou fronteiras nos infinitos e, assim, tornou-os finitos pela criação de dois polos. E assim a vida se tornou polarizada. A polaridade é a forma encontrada por cada pessoa para viver em um meio com indescritível diversidade. Por isso é que empregaremos a polaridade para analisar os inúmeros insumos abstratos para a vida ao longo desse livro. Nesse ambiente diverso, cada um de nós, que é protagonista da vida, tem que se situar. São os limites, que cada pessoa desenvolve e que merecerão também reflexão na unidade entre os pólos criados.

Outro aspecto na confrontação com a infinitude é a incapacidade do cérebro humano em lidar com tudo que é infinito, já que o racional opera sempre no finito. Além disso, a finitude do cérebro humano exige limites para a sua base operacional e expõe, portanto, a característica monofocal dele, como veremos adiante.

CAPÍTULO II
A ATUAÇÃO MONOFOCAL DO CÉREBRO HUMANO COMO DIFICULDADE PARA VIVER COM OS INFINITOS

Sem foco nas atitudes, as ações são superficiais ou dispersas, carentes de profundidade, criatividade e inovação.

Para viver na imensidão do infinito será que o homem precisaria de um cérebro mais ágil? Forçamos o cérebro para entender a infinitude sem sucesso, exigindo dele a realização de uma densidade alta de trabalho, e o que colhemos é o estresse. Exigimos também do cérebro diversidade de trabalho dentro de um mesmo período de tempo, esquecendo que o cérebro é monofocal nas suas atitudes conscientes.

O homem inteligente busca trabalhar com diversidade de ações. É inquieto nas suas atividades. Esse comportamento inquieto se expressa na ciência, na atividade econômica e no cotidiano de muitos trabalhadores. Em muitos casos se empregam pessoas para o exercício da função de cada atividade do foco explorado. Na ciência, os cientistas trabalham com alunos e pesquisadores ajudantes para pesquisar vários assuntos (focos). No entanto, o trabalho profícuo e de destaque do cientista responsável pelo grupo só se concretizará se tiver um só foco para se aprofundar no assunto escolhido, com o objetivo bem definido e específico. Na atividade econômica, trabalha-se com diversas lojas, empresas etc., mas são contratadas pessoas para o exercício de funções que não passam de rotinas. No departamento de desenvolvimento de tecnologias de uma empresa, o técnico responsável pelo setor, o cientista contratado ou o próprio dono da empresa precisam trabalhar com um único foco para se conseguir algo novo, uma nova tecnologia. O cérebro é unifocal na sua operacionalização com a consciência, com o raciocínio. E a "inteligência multifocal" defendida por alguns? Podemos, então, estar confundindo "inteligência multifocal" com a atuação monofocal do cérebro aqui discutida.

O cérebro humano só processa uma informação de cada vez na mente consciente. Quando estamos fazendo qualquer coisa e pensamos em algo diferente, esquecemo-nos de detalhes do que estamos fazendo. Quando se está tomando banho e começa-se a pensar em outra coisa, no final do banho pergunta-se para si mesmo: passei ou não shampoo? Muitas vezes passa-se de novo! Se estamos olhando no celular e caminhando pela cidade, esquecemo-nos de olhar para os lados da rua ao atravessá-la. Se estamos ao volante do carro e pegamos o celular para ver os e-mails, deixamos de prestar atenção no trânsito. Enfim, só um canal é usado pelo cérebro de cada vez para definir qualquer ação. As outras opções são, momentaneamente, rejeitadas e podem até ser esquecidas. Todos nós somos assim. Não existe um ser humano na face da terra cujo cérebro processe duas ou mais coisas ao mesmo tempo. Engana-se, então, quem pensa que pode focar em muitas coisas ao mesmo tempo e se considerar inteligente. Quem assim pensa precisa separar dois aspectos: o operador da gravação das informações (que é o cérebro) e os clientes à espera dos espaços nas gravações cerebrais (que são os meios).

Pensar, portanto, que existe inteligência quando o cérebro processa mais de uma informação (coisa) ao mesmo tempo, é inadmissível pelos estudos da neurociência. O multifoco que existe nos procedimentos de muitas pessoas está relacionado aos meios para acessar o cérebro. Mas o cérebro é monofocal na sua operacionalização. O multifoco nos meios constituem até fatores impeditivos à atuação monofocal da operacionalização pelo cérebro. Talvez a inteligência maior de uma pessoa esteja na capacidade monofocal em um dos meios e, assim, colimar com o modelo de ação do cérebro na operacionalização que é também monofocal. Dessa forma, para desempenhar bem qualquer tarefa a que nos propomos executar, temos que pensar só nela. O funcionário que não faz isso é relapso, improdutivo. Na educação e na ciência também é assim. Se desejar aprender alguma coisa tem que estar pensando só naquilo e esquecer o mundo. Se a pessoa não consegue esquecer o mundo ao seu redor e até mesmo algo dentro de si mesmo, não será eficiente na execução de qualquer ação no serviço, na aprendizagem, na pesquisa científica, entre outras. Assim, o que determina a eficiência de qualquer um na execução de uma tarefa é aprender a desvencilhar-se (esquecer) dos demais fatores competidores e dentro de si mesmo. Talvez aqui esteja a explicação para o talento e a inteligência. Nas cercanias de cada um existem inúmeros e infinitos fatores que querem entrar no seu cérebro ao mesmo tempo, competindo com a informação que precisa no serviço, na aprendizagem ou na pesquisa científica. Na porta de seu cérebro só passa uma informação, quanto mais várias delas. É como ter um número muito grande de pessoas num auditório e, no momento de pânico, todos quererem sair ao mesmo tempo por uma única porta em que só passa uma pessoa de cada vez. Cada um tem que focar em um assunto. O nosso cérebro é monofocal, esta é a sua natureza. Além disso, os fatores impeditivos da ação monofocal do cérebro agem contrariamente à saúde dele. Na realidade estamos afrontando-o, causando-lhe angústia e aflição, pois estamos querendo que ele trabalhe com mais de uma coisa ao mesmo tempo, mas ele não é capaz.

Temos inúmeros fatores impeditivos da ação monofocal do cérebro como o celular ligado, música tocando, perguntas de alguém, reclamações, sons de trânsito, entre outros. Ao trabalhar numa sala com todos esses fatores impeditivos, no máximo consegue-se executar rotinas. E nenhuma criatividade e investigações mais profundas são possíveis, muito menos reflexão sobre o objeto de seu trabalho. E a eficiência despenca. Estamos é perdendo tempo! O estudante na universidade escrevendo um artigo científico e consultando celular, ouvindo música, produzirá um texto descontextualizado e sem reflexões sobre o que obteve nas pesquisas e muito menos explicações de resultados frente a outras pesquisas com o mesmo assunto. Por isso é que se diz que os estudantes estão escrevendo mal. Falta reconhecer a característica monofocal do cérebro e eliminar os fatores impeditivos de sua atuação para melhorar a redação.

O esquecer o mundo próximo a si mesmo é problema para grande número de pessoas, pois além das preocupações com vários fatores da vida cotidiana, o mundo digital da internet tem pressa. A inteligência é comum em todas as pessoas, mas a capacidade de se libertar do mundo ao redor quando se quer aprender ou investigar cientificamente algo é que faz a diferença. Estratégias podem ser traçadas para se obter mais sucesso nessa tarefa de se desligar do mundo, entre elas está a calma, a tolerância e aceitar a vida que leva no momento.

Existem, ainda, os fatores também impeditivos da atuação monofocal do cérebro, mas que já estão gravados no inconsciente e concorrem com o foco necessário para a eficácia do serviço cerebral. Incluem-se aqui as eternas preocupações com a possível falta de dinheiro para pagar as contas, com o futuro que já se aproxima e a eterna necessidade de ter uma vida cada vez mais sofisticada. Assim, são infinitos os fatores impeditivos da atuação monofocal do cérebro. Lidar com eles é muito difícil. Quem consegue isso proporciona mais saúde ao cérebro, deixando-o trabalhar como ele pode.

O tempo em que o cérebro passa saudável, num ambiente com inúmeros fatores impeditivos de sua atuação monofocal, vai depender de cada pessoa. E cada um precisa conhecer seu limite. Não podemos esquecer que esse ambiente não é saudável para o cérebro. Buscar descansá-lo em um local com apenas a sua atividade monofocal, por exemplo, um período de férias, distante de todos os fatores impeditivos, até mesmo os do interior de si mesmo, é uma ótima decisão para restabelecer a saúde do seu cérebro. Mas não pode levar consigo a preocupação com o serviço e outras tantas. É só relaxar!

Aprender a desvencilhar-se dos fatores impeditivos da atuação monofocal do cérebro, tanto aqueles que ocorrem ao derredor, como os já guardados interiormente, é uma expressão de inteligência e eficiência no trabalho, desenvolvendo o talento que cada um carrega dentro de si. Temos um número infinito de coisas, ideias e pensamentos ao redor à espera da porta estreita do cérebro se abrir.

CAPÍTULO III
POLARIDADES E LIMITES

A vida é simplificada pelas polaridades e se torna real pelos limites de cada pessoa.

Temos uma infinitude escondida em tudo que é abstrato. E a polaridade é uma forma arbitrária de expressar um espaço no infinito por meio de dois pontos definindo que, além de cada um deles, não existe mais nada. A polaridade cria a finitude em tudo e estabelece o espaço para o limite de cada um se ancorar e viver. Assim eles são denominados polos. Essa arbitrariedade nasce na consciência de cada um na vida cotidiana para tornar a vida possível e vivê-la com alegria e felicidade numa finitude previamente estabelecida pelo cérebro.

Na realidade, os polos não constituem o final do intervalo criado, pois eles são difusos. Na matemática, que é uma ciência exata, o número não é exato quando aplicado em uma função. A teoria dos limites vai calcular qual o número que mais se aproxima dele. Por exemplo, 1,956 é limite de 2. Nos cálculos práticos, criamos regras para as aproximações: acima de meio ponto após a vírgula, aproxima-se para o seguinte. Por exemplo, 1,6 aproxima-se para 2. Na atividade científica, o polo ou o ponto criado é definido pela disponibilidade de recursos tecnológicos ou de conhecimentos. Assim, quando traçamos no papel dois pontos com uma caneta a uma distância de 1cm entre eles e vamos deslocando-os para distâncias menores entre si, quando estiverem a uma distância menor de 250 micra entre si, a vista humana não será capaz de observar que estão separados. No entanto, com o uso de lentes, como o microscópio, poder-se-á dizer que ainda são realmente dois pontos distintos.

Na sociedade em que vivemos, os polos também são difusos (infinitos) para coisas abstratas como a beleza. Moças bonitas são indicadas por vários segmentos da sociedade para participarem de um concurso de miss. O polo "bonita" criado e alocado a todas elas será segmentado por profissionais especializados (juízes), utilizando-se de uma escala de padrões de beleza feminina; as candidatas são ranqueadas dentro de novas categorias que antes se resumia em uma única – o polo. E, assim, chega-se à moça mais bonita, dentre todas bonitas, só possível pela "lente" do profissional em beleza feminina. Esse exemplo mostra que o polo criado pode ser móvel na percepção de outra pessoa, ou mesmo num contexto diferente. Assim, ele varia dentro de definidas condições. Também o polo pode se transformar em um intervalo com o concurso do conhecimento criando novos polos. A menor estrutura de massa de um corpo foi, por muitas décadas, o átomo. Hoje verificamos que nele existem diversas partículas menores, subatômicas, com funções e identidades próprias. E tentam descobrir o Bóson de Higgs usando o Grande Colisor de Hádrons (LHC), o maior acelerador de partículas até então construído pelo homem, localizado na fronteira entre a França e a Suíça. Em 2015, constatou-se que o neutrino tem massa e está entre as menores massas do universo o que rendeu ao descobridor o prêmio Nobel de Física.

Depois da criação de um polo no mundo abstrato, surge o seu oposto. E, na necessidade de enfrentá-lo, encaramo-lo como conflitante. A polaridade surge como método intuitivo para o conhecimento e observação. Assim, ao longo do percurso da vida de cada um vamos dividindo tudo e classificando em pares opostos ou dualidades, apresentando-os como conflitantes, pelas negativas a um deles e o sim para o outro.

Um polo se torna receptáculo das expectativas, esperanças como o futuro na escala do tempo. O outro encerra, às vezes, desgostos e desagrados. Numa análise psicológica, o polo que o desagrada vira a sua sombra, criando-lhe angústia e aflição a todo o momento e instante, perseguindo-o e tentando tomar o lugar do oposto que, imaginariamente, apossou-se de você. E cada um quer se manter distante dele, sem contato, criando o mundo das oposições, o feio e o bonito, o certo e o errado, homem e mulher, bom e mau e assim por diante. Por exemplo, a moça bonita (polo) tem a feiúra (polo oposto) como sua sombra e dela quer se afastar sempre, podendo desenvolver trauma. A ideia de se tornar feia é inconcebível pela moça bonita. E assim tudo faz (plástica) para se afastar da feiúra que é a sua sombra.

Entre dois polos criados, existe um intervalo entre eles denominado unidade, totalidade. A inteligência humana, na busca por análises mais detalhadas, reparte a realidade entre ambos (polos), em pedaços cada vez menores, para possibilitar uma decisão melhor na escolha de um deles, pois, nesse intervalo, cada um de nós vai ser inserido ou ancorado. É o limite que precisamos definir para cada um de nós. A incapacidade de sabermos onde estamos ancorados (limites) no espaço entre dois polos eleva a polaridade ao nível central de nossas vidas.

Limites são forças internas, abstratas ou não, na definição de um espaço. São fatores de separação do intervalo entre dois pontos rumo a um deles.

Embora seja difícil conhecer os limites de cada um em muitas polaridades, em virtude dos fatores endógenos e exógenos ao nosso corpo, precisamos, ao menos, tentar compreendê-los.

Quando fixamos dois extremos ou polos estamos, na maioria das vezes, expressando a percepção de que adquirimos sobre eles naquele momento e podemos descrevê-los sem muitos recursos adicionais. É a percepção do cotidiano, em que as pessoas criam as dualidades aqui chamadas de polaridades.

Precisamos entender que a polaridade é um artifício da mente para vencer as dificuldades dos humanos em quantificar processos e meios na vida cotidiana decidindo, dessa forma, evitar a quantificação. E, assim, tornamos a vida polarizada. São tantas polaridades (dualidades) na nossa imaginação que dificulta o entendimento da unidade. O ego humano fica impedido de perceber ou mesmo imaginar a totalidade ou a unidade em cada dualidade que construímos na nossa mente e de que somos parte. Como vimos, as polaridades são criadas para situar pontos (polos) nos dois infinitos de direções opostas e cria um intervalo entre eles onde situam, não só os outros, mas nós mesmos. E disso precisamos ter certeza.

Quando falamos da polaridade feio e bonito, não estamos inserindo entre esses polos o outro, mas nós mesmos a uma distância da feiúra e, também, da beleza. A pessoa ancorada no intervalo entre dois polos prioriza o entendimento dos fatores motivantes de seu ancoramento (assuntos de seu próprio interesse) e dos demais ancorados proximamente, em detrimento dos fatores inerentes à unidade, o que leva a perder a noção de totalidade. Isso ocorre muito em política, em que os partidos formam dois polos, o do poder (governante) e o da oposição, em que os interesses dos partidos são priorizados em sacrifício da unidade ou totalidade (o país), criando, então, sérios problemas para a unidade, como declínio no crescimento econômico, crise política, entre outros.

Outro aspecto, para a maioria das atividades, é o entendimento do polo oposto – o qual é rejeitado pela nossa consciência. No comércio, é importante conhecer o polo oposto do seu negócio, o que facilita definir as armas que o concorrente usa para vencer, em um ramo de atividade específico, e assim chegar juntos ou mesmo ultrapassar o concorrente nessa corrida competitiva dos negócios.

No mundo macroscópico e cotidiano, estamos operando sempre em intervalos com dois polos definidos e um espaço entre eles à espera da definição ou quantificação da localização de algo. Vivemos, estamos e somos quantificadores na busca da localização de algo ou nós mesmos num espaço (limites) definido entre dois extremos. Porém, essa quantificação é arbitrária e a escala de valores é ditada pelo conhecimento que existe no momento e pelo poder de convencimento de quem a idealizou – ou até mesmo inexiste em razão da alta complexidade do processo avaliativo. Assim, fica simplificado, para a vida cotidiana e dinâmica, referir-se aos polos e não ao intervalo. Por isso é que se fala muito das polaridades. Apesar de ajudar muito na comunicação, os polos não auxiliam tanto na localização de determinado ponto no intervalo entre eles. Esse ponto é o limite considerado para o polo escolhido. É a aproximação dele como no cálculo matemático. Se esse intervalo representa aspecto da vida, estaremos falando dos limites na vida humana.

Na realidade existem degraus entre os dois polos imaginariamente criados e em um deles cada um de nós está ancorado. Outros degraus podem ser alcançados na direção de um polo escolhido na visão limitante de cada tempo. O limite é uma meta a alcançar no espaço entre os polos num tempo definido. Ele é real, porém, pode ser circunstancial e, portanto, pode ser superado. O limite está envolvido numa estrutura que precisa ser conhecida em cada espaço de tempo. A busca do melhor entendimento dessa estrutura situadora do limite de cada pessoa confere sucesso na superação de suas barreiras de agora, criando novos limites à frente. Conhecer ou aceitar o local que nos ancoramos (limites) entre os polos imaginários é o primeiro passo para a definição do limite que temos agora. O passo seguinte é estudar a estrutura que nos levou ao limite atual e buscar novos limites em direção ao polo escolhido. Sem este estudo, ficamos sempre estacionados. No entanto, às vezes, ficar estacionário já é vantajoso ou aceito, dependendo das condições. Ou mesmo caminhar alguns degraus na direção do polo rejeitado, sem ainda se aproximar muito dele, pode ser vantajoso para as circunstâncias do momento. Precisamos estar vigilantes para definir nossos limites no tempo e aceitá-los – seja qual for.

Existe, ainda, entre as polaridades, um ponto central ou equilíbrio que, às vezes, é melhor alcançá-lo do que vencer barreiras dos limites numa definida direção a um dos polos.

Os polos são imaginários, como dito anteriormente, pois, ao alcançarmos o polo atrativo, ele já se distanciou, o que expõe sua infinitude.

E, no outro extremo, o polo retrativo pode ser definido pela falta. Por exemplo, na polaridade escuro e luz, a luz tem leis que a regem dentro da física, e o escuro é apenas a falta dela. A unidade ou totalidade, criando a finitude, precisa ser respeitada para aceitar que o degrau do seu ancoramento (limite) muda com o tempo. Hoje estamos distantes do polo detestado, mas amanhã podemos dele nos aproximar. E, assim, precisamos entender as unidades em vários segmentos da vida nas inúmeras polaridades que criamos na vida atual.

As polaridades e as unidades dos fatores abstratos escolhidos serão caracterizadas ao longo dos textos, incluindo as discussões sobre as forças internas que movem cada um de nós de um polo ao outro, suscitando em cada leitor a reflexão sobre o seu ancoramento, nesse intervalo que é o seu limite. Assim, as barreiras dos limites são expostas para o seu movimento na direção do polo que escolher criando novos limites. É um método didático-pedagógico para o esclarecimento dos limites humanos com suas vantagens e desvantagens.

CAPÍTULO IV
A QUIETUDE E A INQUIETUDE

> *A inquietude luta para retirar o sabor do percurso da caminhada pela vida de cada pessoa, mas é vencida pela quietude que hasteia a bandeira da paz e da harmonia.*

Analisando essa polaridade, a inquietude tem muito a ver com o sentir ou sofrer antecipadamente. Assim manifestamos preocupação por algo que ainda vai acontecer ou já está armazenado na memória de várias formas, como as crenças e os medos sobre vários aspectos da vida, embora ainda não existam atitudes e ações.

Os nossos ancestrais tinham a inquietação como parte de suas vidas, pois receavam ser comidos por outros animais, não encontrar alimentos, entre outros. E as crenças e os medos já foram desenvolvidos naquela época, pois viviam num ambiente selvagem e incorporaram-nos ao DNA (ácido desoxirribonucleico) e parte dele chegou até a nossa espécie, hoje.

Com o "recebimento" do raciocínio, há apenas 10.000 a 15.000 atrás (vide capítulo V), o cérebro humano passou a gravar tudo na memória, raciocinar (consciência), sentir, falar, dentre outros prodígios. A condição racional do homem passou a gerar muitas inquietações criadas por ele próprio ou pelos relacionamentos traçando planos, criando e satisfazendo desejos variados. E o homem sentiu-se forte para se lançar aos desafios. Com o raciocínio, tornou-se consciente de que pode conduzir sozinho sua vida, pode prover alimentos, para manter o corpo, como demonstrou pelo cultivo de plantas e domesticação de animais selvagens, trazendo independência da natureza extrativista e certeza de que pode viver como quiser e onde quiser. Lançou-se em busca de desafios, demonstrando isto com a navegação marítima, embrenhando-se num mundo desconhecido na época e conquistou terras distantes como o Novo Mundo, as Américas. Tudo isso a um custo enorme de inúmeras inquietações, conforme descreveram os historiadores. Assim a memória, agora presente no homem, passou a gerar inquietações adicionais àquelas da ancestralidade que vieram a nós pela evolução gravadas no DNA. E o homem passou a enfrentar infinitos desafios ao mesmo tempo. Mas o cérebro só tem um canal para gravação de mensagens (vide capítulo II) e a sobrecarga delas gera inquietações que podem se manifestar como o estresse, pois afrontam a fisiologia normal das vias sensoriais e da memória. Também o cérebro-mente, presente hoje no homem, estoca arquivos na memória inconsciente (veja capítulo XII). As informações, já gravadas e pertencentes aos arquivos do passado, estão sempre voltando à consciência no presente com toda a emoção com que foram gravadas no passado, criando uma carga inquietante, se nela estiver algum elo de sofrimento, como as mágoas dos relacionamentos, as preocupações com metas não cumpridas, com tarefas não executadas, com o futuro não planejado, entre outros.

O homem atual é de natureza inquieta. A inquietude está no cotidiano e é inevitável na vida moderna de hoje. O que difere da vida de outrora é a intensidade e frequência dela na vida moderna. Buscamos sempre algo, estamos sempre correndo, o coração busca sempre alguma coisa para se inquietar. São infinitas as inquietações na vida de cada um, podendo-se até analisá-las de diversas formas como pessoal ou a psíquica em que o fator age só na própria pessoa, interiormente, levando-a a não alcançar satisfação pessoal, estando sempre na busca por distração, dispersão e mudanças, acelerando o pensamento e criando a ansiedade bem discutida por Augusto Cury. E também existem as inquietudes conjunturais, integrando aspectos sociais, políticos, ambientais, movimentos estudantis, operários etc. sem constituir, às vezes, fenômenos inquietantes tão fortes quanto os pessoais (do coração).

Existem ainda os fatores advindos dos aspectos externos. Entre vários deles está a sobrecarga informática, exigindo cada vez mais capacidade assimilatória do psíquico do ser humano. É a sobre-excitação dos sentidos pelas infinitas ofertas da propaganda variada, incluindo novos e modernos entretenimentos, compras etc. Os macrossistemas da sociedade e o envolvimento de cada um na sociedade que frequenta tornaram-se também fontes adicionais Ainda dentro das formas exógenas de inquietação, figuram-se as frases desmotivadoras – ditas e ouvidas – ou até motivadoras em excesso, indo além do ritmo biológico do corpo, entrando no terreno do estresse, como cobranças excessivas feitas às crianças, jovens e adultos.

Outras formas de inquietação foram geradas pela vida moderna e tecnológica como a internet, smartphones e computadores, criando uma sobrecarga de informações em tempo real para as vias sensoriais, do sentimento e da memória. E o homem desenvolveu ou aceitou o pensamento acelerado e a hiperatividade. E mais ainda se satisfez em ouvir e ler noticiários excessivos sobre desgraças pelo mundo, poluindo o psíquico.

Os medos e as crenças são fontes de inquietude. Os medos estão em nosso DNA desde os tempos da vivência nas cavernas. São os medos ancestrais, principalmente ligados aos aspectos da natureza, como o tempo (trovão, raios, alagamentos...) e, também, de animais, desde os mais ferozes (onça, crocodilos, leões...) passando pelos peçonhentos (cobras, escorpiões...) e chegando àqueles que consideramos repugnantes, como ratos, baratas, gafanhotos e outros insetos. Existem os medos gerados pela vida moderna como a violência o desrespeito às pessoas e aos seus direitos como o roubo, assalto, entre outros. As indefinições em vários aspectos da vida, como o emprego, pagamentos e compras de alimentos, geram inquietudes. Existem ainda os medos que criamos e nem sabemos como, entre os quais o medo de altura, locais de grande aglomeração de pessoas, local fechado, enfim, consequência do psíquico. Inclui, ainda, o medo existencial, isto é, da vida transitória, do momento que possibilitou a cada um de nós ter consciência de que vai algum dia morrer. Isso assusta. Enfim, temos várias fontes de medo que alimentam a inquietude. Várias crenças podem levar ou não à inquietude. As crenças em algo negativo, na maldade, na perseguição, alimentam a inquietude, mas a crença em Deus leva à quietude em que se encontra a paz e a felicidade.

A pressa cria sempre outra forma de inquietude para o cérebro, pois a pessoa tenta colocar muita tarefa em tempo restrito. O caráter antropológico social da inquietude não existe mais. Tanto rico quanto pobre enfrentam grande carga de inquietude.

No meio de tantas fontes de inquietudes, quando elas começam a nascer em nossa vida? Muito cedo, na infância, ocorre demonstração de inquietude –a hiperatividade, por exemplo. Mas a inquietude está presente em todas as fases da vida das pessoas e em todos os ciclos característicos do envelhecimento (períodos de 7 a 10 anos), tal como estabelecidos no capítulo IX. A inquietude nas crianças se manifesta pela hiperatividade, afetando o rendimento escolar, pois só se aprende alguma coisa no estado de quietude interior. Ocorre, ainda, nas crianças, nas fases jovens e entre adolescentes a forma de inquietude gerada pela pretensão de pular uma fase de seu crescimento: a criança juvenil quer ser adolescente ou adulta. Essa pretensão gera conflitos psíquicos que necessitam, às vezes, de auxílio de psicólogos ou psiquiatras. Essa pretensa condição afeta o relógio biológico interno. Mas a intensidade da inquietude aumenta a partir da adolescência e acentua-se no estágio adulto. Muitas são criadas nesse trajeto pela sensação de perda. Receio da perda do namorado\a, receio de não atender às expectativas das pessoas, principalmente as mais próximas: pais, mães, parentes. Receio com as indefinições da vida profissional que começa... Muitas inquietudes da fase jovem e adulta são superadas com a experiência que os anos que passam concedem às pessoas.

A maneira que cada um reage a tantas inquietudes é diferenciada entre as pessoas. Mas o processo que usam, no enfretamento das inquietudes, é semelhante. Todos valorizamos cada uma delas. E o erro é valorizar muito certo tipo de inquietude e receber uma análise incorreta do ego. E, assim, criamos problemas psíquicos no relacionamento com as pessoas. Outros flutuam entre bons e maus humores numa bipolaridade marcante e constatada por todos.

No momento de grande inquietude, recolhe-se ao seu interior e deixa-se de cumprimentar as pessoas, poupa o sorriso ou chega aos atos deseducados ou ignorantes. Mas poucos dias após, tudo se altera pela desvalorização de várias fontes de inquietudes, e a abertura ao convívio exterior se restabelece. E o cumprimento alegre, o sorriso fácil, os atos educados e elegantes voltam a se expressar. Quando essas alterações bipolares passam a ser frequentes e danosos ao convívio com outras pessoas, chega-se, então, à disfunção ou doença, momento que a pessoa precisa da ajuda de profissional de saúde.

A força para enfrentar as inquietudes varia com as idades e a inquietação que sempre leva à conotação de sofrimento, pelo contrário, pode ser fonte de satisfação de acordo com a idade da pessoa. Quando jovem, as inquietudes podem ser até bem-vindas e procuradas. Mais tarde, elas são toleradas. Mas, em muitos ciclos, de 7-10 anos principalmente, na curva da "descida" a partir de 45 anos (vide capítulo IX) muitas inquietudes são intoleráveis. E na fase idosa as inquietações, em excesso, podem causar distúrbios psíquicos, disfunções e doenças.

Todas as formas e fontes de inquietação deixam o cérebro sempre em alerta, sem abrir a porta do relaxamento, aumentando o dispêndio de energia, obstruindo muitas escolhas conscientes, sem acontecer atitudes e ações. O pensamento acelerado e a hiperatividade, como forma de inquietação, são contrários ao ritmo interiorano do corpo. Portanto, afronta-o, criando uma velocidade incômoda para a fisiologia que não a suporta, além de ser intoxicante e causar desarmonia e desequilíbrio, abrindo as portas ao esgotamento nervoso, daí o estresse se apodera e traz consigo disfunções e doenças.

A causa inicial das inquietudes é frequentemente difícil de ser reconhecida, pois elas se apresentam de diversas formas, perduram ou se interrompem. Quando perduram, podem retirar o sono que constitui, na maioria das pessoas, o único momento para o cérebro descansar.

A inquietude manifesta-se no corpo como ansiedade, aflição, comportamento alterado e outras alterações conduzidas pelo estresse que se apodera das pessoas inquietas. Pode, ainda, levar algumas pessoas à renúncia pela batalha da vida, chegando ao suicídio, o qual não ocorre só no Brasil, mas, principalmente, em países altamente desenvolvidos como o Japão e Inglaterra.

A polaridade oposta à inquietude é a quietude.

A quietude é definida como qualidade do que é quieto. Não é apenas deixar de falar com os lábios, mas, sobretudo, calar as muitas vozes interiores, criando equilíbrio consigo mesmo(a). E tem como sinônimos a amenidade, brandura, mansidão, serenidade e suavidade. Ela traz a tranquilidade da alma, e, consequentemente, a paz e o sossego. A quietude da alma é um elemento curador da ansiedade. No interior de cada um ela cria o equilíbrio e a harmonia das funções do corpo. Por meio da quietude interior a vontade está receptiva para as atitudes e ações que desejar. A quietude existe pela falta da inquietude, por isso elegeu o silêncio para ser seu berço.

Durante a evolução da espécie humana, o cérebro passou milhões de anos apenas como órgão controlador das funções vitais e dos instintos para viver na natureza. E foi assim desde os Australoptecus passando pelo Homo erectus e mesmo durante o maior período como Homo sapiens. Nesse extenso período da nossa ancestralidade, tudo ocorria no cérebro dentro de sua programação e priorização das funções vitais no seu ritmo biológico, isto é, tudo era equilibrado; e assim gerou-se a quietude. Tudo era feito para homenagear a fisiologia interna e vital. Os fatores inquietantes resumiam-se no antagonismo com outros animais, principalmente aqueles ferozes ou peçonhentos. O homem então recebe o raciocínio, surgindo outras fontes de inquietudes.

Podemos criar na imaginação uma situação representativa do homem como num boneco de barro recém-construído e nele colocamos uma peça chamada raciocínio, grudando-a, fortemente, no seu interior. A seguir, damos vida a esse boneco de barro agora com esta peça chamada raciocínio e, então, surge o homem atual, vivo e com raciocínio. Esse novo animal, homem inteligente, surge com outros prodigiosos fenômenos como o sentimento, fala, consciência, dentre outros, o que aumentou infinitamente as fontes e formas de inquietude retirando-o da situação de razoável quietude, antes do nascimento do raciocínio e do pensamento. Esse mesmo cérebro, que antes do nascimento do raciocínio (hominídeo), na aproximação de animais ferozes, dava ordens à glândula suprarrenal para produzir adrenalina e cortisol e, dessa forma, reunir as forças internas para fugir do perigo, dá ordens hoje à mesma glândula para produzir os mesmos hormônios, agora quando nosso corpo enfrenta o estresse. A nossa fisiologia interna reconhece que a inquietude geradora dele é o animal feroz que de nós se aproxima ou está dentro de cada pessoa. Ao viver com muito estresse, o nosso interior faz a leitura e conclui que estamos vivendo numa floresta rodeados de leões e leopardos.

Dessa forma, a quietude é uma volta aos tempos de pré-raciocínio junto à natureza e longe dos animais ferozes. É por isso que olhar as plantas, viver no campo, visitar parques nos traz quietude. É claro que o raciocínio que recebemos nos fez espécie única com esse prodígio e especial no planeta Terra, mas criou infinitas formas e fatores inquietantes. Como se diz no cotidiano: "tudo que tem vantagem tem também desvantagem".

Perante a tantas inquietudes, só alcançamos a quietude se a buscarmos. Os fatores e formas de quietude resumem no dizer não a inúmeros fatores inquietantes. E dizer para si mesmo que a solução dos problemas não cabe só a você; necessita de compartilhamento ou mesmo é da obrigação de outros. É entender que a renúncia à inquietude é necessária para a saúde do corpo e do psíquico. É buscar contornos, ausentar-se de responsabilidade sobre o fator inquietante e criar a satisfação interior pela solução encontrada, libertando o pensamento e o sentimento, deixando-os livres para receber outros mais gostosos, aconchegantes e alegres. É dizer e convencer a si mesmo que a vida faz sentido pelo sabor do percurso da caminhada e não apenas o mérito da chegada ao final dela. E que o sabor vem passo a passo, sendo detectado apenas na quietude.

Vivemos a todo o momento com a necessidade de combater a inquietude, que passou a ser a parte central de nossas vidas. As armas da quietude nessa batalha são a calma, a tolerância, amor, perdão, misericórdia, partilha e a opção para fazer o bem.

A necessidade da quietude aumenta com a idade. Mas é necessária a toda fase da vida, principalmente quando a intensidade da inquietude é alta, julgada pelas suas próprias vias sensoriais ou por um profissional de saúde (psicólogo). A quietude passa a ser o clamor do interior de cada um nos momentos tão inquietantes. É quando a força para lutar contra os fatores inquietantes passa a se escassear. É o momento de buscar a quietude para evitar mal maior para o psíquico e para a saúde do corpo.

Não podemos só viver na quietude, pois corremos o risco de mergulhar na solidão. Mas a quietude sem solidão é o único caminho para alcançar a paz e a felicidade. Somos responsáveis pela busca da paz e da felicidade durante toda a vida. Precisa-se, em qualquer fase da vida, pelo menos algum momento de quietude para a reflexão e para estar só consigo mesmo. Assim, deixa-se o cérebro processar tudo no seu ritmo, sem nenhuma interferência externa e de seus próprios pensamentos. Portanto, expulse os pensamentos que chegarem quando estiver meditando, dizendo para si mesmo: "não quero nenhum pensamento", como ensina a yoga. E permaneça nesse estado de ausência de pensamento ouvindo apenas o bater do coração. É momento de meditar que pode durar mesmo dez minutos por dia, mas deve ocorrer sempre na vida de cada pessoa.

Como a maioria dos ocidentais não aprendeu e nem cultua a meditação, tem no sono o único momento de descanso para o cérebro e o psíquico. Por isso, aos primeiros indícios da chegada do sono diga-lhe "bem-vindo" e não crie meios para expulsá-lo, buscando celular para ver e-mails, computador com jogos excitantes, programas distrativos na TV. E, depois de tantas renúncias, quer que ele chegue rapidamente, pois a noite está se findando e o novo dia de trabalho iniciará, mas o corpo e o psíquico estão esgotados. O sono que seria a cura da inquietude, agora, na sua falta, passa a gerá-la. No desespero total lança-se ao remédio como panaceia, mas ele não traz a quietude e nem a paz.

As polaridades, quietude e inquietude, tornam os polos finitos extraídos da infinitude de ambas, tornando possível analisá-las. Dessa forma, existe um ponto de equilíbrio entre a inquietude e a quietude, com desvios toleráveis para se alcançar a saúde do corpo e do psíquico. Cada um de nós precisa conhecer os seus limites e sentir o seu ancoramento no espaço entre quietude e a inquietude. Cada um deve também descobrir os meios que o leva a esse ancoramento, o que permitirá mobilidade na direção do polo escolhido. Pense e reflita sobre os limites que deseja alcançar nesta polaridade.

As inquietudes fazem parte do exercício materializado da vida para se conseguir o ter e o poder, satisfazer desejos e instintos e cumprir planos de vida sofisticados. É o reflexo das buscas pela satisfação do corpo. A quietude é um passo à frente na evolução do exercício da vida de agora, ao buscar a satisfação do espírito e reconhecendo a fragilidade do corpo e do psíquico. Mas a vida que vivemos agora não é só corpo e nem só espírito e, sim, a soma de ambos, convivendo conjuntamente e harmonicamente na busca do final, quando nos elevaremos aos céus.

CAPÍTULO V
O INÍCIO E O FIM

O fim termina no início de algo que veio substituí-lo. Tudo é substituído na vida de agora em contínua repetição, até eu mesmo.

O início e o fim é um percurso que se propõe percorrer, repetitivamente, durante a vida de cada um. São inúmeros, ou mesmo infinitos, os percursos com início e fim que se executam durante o viver de cada pessoa. Na maioria das vezes, o início é cheio de motivação e esperança e, no fim, elas diminuem de intensidade. Muitas vezes, o início é inundado de beleza e encantamento, é a emoção forte do primeiro encontro dos jovens enamorados e, no final, ficam a recordação e a saudade do percurso florido. Na maioria das vezes, o início é produto de planos e desejos e, no fim, eles se esgotam. Iniciam-se com os objetivos e terminam com a meta alcançada. Ao alcançar a meta, a pessoa às vezes pergunta-se "e daí?", foi tão fácil conseguir, parece até que ficou decepcionado e, então, busca nova aventura para ter uma real satisfação com a meta alcançada.

Outros, no entanto, ficam felizes com a meta alcançada e criam a volúpia para começar tudo novamente. Assim, no mundo atual, as pessoas mudam frequentemente de emprego, principalmente os adultos jovens. Mudam-se, com grande frequência, de parceiros. O casamento passou a ser temporário. Os divórcios atingiram grande parte da população. O número de divórcios, no Brasil, cresceu em 75% em cinco anos e as pessoas, divorciam-se mais cedo, aponta o IBGE (Instituto Brasileiro de Geografia e Estatística). Mudam-se de residências. São poucos os que se fixam num local, numa rua, numa cidade. O dinheiro que se economiza flutua no mercado financeiro em diversas aplicações como o dono que flutua na sociedade. O início e o fim passaram a ser as partes centrais de nossas vidas. Tudo começando e terminando! A vida se tornou uma aventura. Para muitos essa aventura é a energia para a vida fluir. Também a vida se tornou nômade. Na realidade o nosso genoma foi selecionado, durante milhares de anos, em vidas nômades, nas florestas e pradarias dos nossos ancestrais hominídeos (ver Robert Winston – Instinto humano). Só nos estabelecemos e edificamos residências nos últimos 10.000 a 15.000 anos. Vivíamos nômades, coletando ervas e frutos e caçando. No entanto, o homem gostou quando ele se fixou em residência em algum lugar e ali a vida se perenizou. E, assim, famílias criaram raízes em muitas localidades tornando famosas, dando nomes a ruas e avenidas. E construindo as famílias tradicionais em cada região do planeta.

Nas últimas décadas, esse estilo de vida mudou e parece que nos tornamos cada vez mais aventureiros e nômades. E o início e o fim, em cada passo e processo da vida, aumentaram de frequência, caminhando para o infinito. Então, pergunta-se, esse estilo aventureiro e nômade vem do genoma, do estilo moderno como cópia do estilo da maioria ou as pessoas se encantaram pelo fato do início trazer sempre novidade e motivação? E seguem pela vida como se ela estivesse a todo o momento começando com inúmeros inícios e fins.

Mas, para muitos, o início traz angústia e aflição pelo receio das incertezas e, no fim, chegam a calmaria e a autoconfiança por ter desbravado ou clareado a obscuridade. Muitas vezes, o início é inundado de encantos, mas, ao final, predominam os desencantos nos relacionamentos fracassados. Mas tem início de dor e sofrimento e um fim alegre e feliz nas superações que temos pela vida, como no dito popular: "não há males que durem para sempre". Contudo, o início pode vir com um choro sem expressar sofrimento, mas, sim, alegria para todos quando do nascimento de cada um. É o primeiro choro e, talvez, o único, como expressão de alegria para os pais, pois o neném é saudável.

O início e o fim dos infinitos percursos que temos pela vida tem a unidade bem definida que é o pulsar da vida de agora. A vida pulsa. Ela é eivada de inícios e fins, alguns planejados, outros não. Alguns com períodos curtos, outros não. Alguns longos que permitem outros ciclos de início e fim dentro dele mesmo.

Precisamos identificar, a cada passo na vida, o início e o fim de cada propositura feita. O início e o fim podem ser cíclicos em diferentes fases da vida. Tudo ao nosso derredor está orientado para ter um início e um fim. O tempo, por exemplo, é segmentado pelo calendário em períodos com início e fim. O início do dia é o nascer do sol e o fim dele é o poente. O início da noite é o escurecer e o final dela é a aurora.

O início e o fim é um organizador de nós mesmos. É o ritmo da vida. A digestão inicia com a mastigação e, no fim, expelem-se os resíduos. E outro início começa com outros alimentos. O nosso cérebro inicia a gravação de cada fato, isoladamente, e só após o fim dela, aceita outro início, como já dito. E, assim, temos infinitos inícios e fins de gravações pela nossa vida. O início e o fim são o ritmo da vida. O fim parece ser um encerramento com arrependimento de ter sido concluído, exigindo novo início. É o novo começo lapidado e aparado pela experiência do outro fim. O início e o fim formam os elos da corrente da vida. Tudo que termina tem autoridade para começar de novo, inclusive, com mais firmeza da experiência adquirida e sem o donativo da aflição e da angústia que em outro início se apoderou de si mesmo pelos passos e saltos no desconhecido.

O nosso corpo identifica três ciclos diários com início e fim. O primeiro se inicia ao acordar e o fim é chegado após o almoço, seguido de uma soneca (sesta) curta para encerramento. O segundo se inicia após se levantar da sesta e se encerra a noite. O terceiro se inicia com o dormir e o fim com a chegada do novo dia. A sesta entre os dois ciclos do dia é característica, principalmente nos povos latinos, e já está comprovado seu benefício para a saúde humana.

Nosso corpo tem ainda ciclos de 7-10 anos, que no início da vida são bem distintos externamente e mais tarde nem tanto. Mas já se tem comprovado que o envelhecimento, durante a duração de cada ciclo, é estável, com queda brusca nas atividades fisiológicas quando o ciclo se finda. E outro ciclo começa em patamar mais baixo, semelhante a degraus de uma escada. A cada degrau que se vence, a queda é grande, mas na superfície (durante o ciclo) tudo é estável.

Temos, ainda, na vida, um início e um fim bem amplo na sua duração, pois é a própria vida de cada um. A vida se inicia e termina em obscuridades, mas o meio (o espaço entre eles, o durante) é iluminado pela vontade de viver, alegria, motivação, esperança e tantas outras energias que clareiam as trilhas disponíveis para a caminhada – o viver. Nesse intervalo, entre o início (nascimento) e o fim (morte) serão gestados infinitos inícios e fins, curtos e longos, promovendo mudanças, trazendo felicidade, emoções boas e outras nem tanto, fazendo a vida pulsar, demolindo a inércia e preenchendo a vida até o fim que nunca sabemos se chegou, mas dele decolamos assim mesmo, sem saber e na mesma obscuridade em que nasceu, agora sem poder dar o último choro como deu ao nascer; só restará como marca identificadora do fim um breve suspiro delimitando o novo início que nem se sabe onde e como. E, assim, vencemos os misteriosos início e fim da vida.

A polaridade início e fim reduz os fatos e meios para viver em dois números, o primeiro e o último. No entanto, muitos números estarão representados entre eles, que constituem a história do percurso entre o início e o fim. Assim, em qualquer situação caracterizada como início e fim teremos o meio, extenso ou curto, representando a história vivida. Na maioria das vezes, entretanto, guardamos na memória apenas os fatos acontecidos no início e no final. É a estreiteza do cérebro, excluindo os meios e criando sempre polaridades. Por isso a polaridade é a parte central de nossas vidas, suprimindo as histórias ditadas pelos meios e elevando as novidades do início e o mérito da meta alcançada (fim). Deixamos de contar o transcorrer do percurso. E a vida fica sem história, apenas com os resumos. É a vida resumida do momento atual.

Cada um precisa refletir e concluir sobre quantos inícios e fins enfrentou pela vida. E quais deles trouxeram alegria e saudade e quantos foram vazios e até traumatizantes. Além disso, deve encontrar o seu limite entre os extremamente aventureiros e nômades e àqueles sedentários e desagregados de aventuras da vida. No seu local de ancoramento na vida de agora, deve ter encontrado saúde e a paz que sempre perseguimos.

CAPÍTULO VI
O FEIO E O BELO

Mesmo o infinito da beleza ou da feiura não revela o caráter e a honradez da pessoa.

A polaridade feio e belo tem muito a ver com a qualidade da estética das formas, que são infinitas. As formas surgem com o nascimento da matéria. A ciência já concluiu que a matéria, de que hoje nos constitui, nasceu pela concentração de energia em uma bola. E que a explosão dessa bola – o Big Bang – teve como consequência a formação do cosmo e daí surgiu a matéria. Logo a matéria é concentração pura de energia e que pode dar novamente energia segundo a famosa equação de Einstein: $E = mc^2$ em que E = energia, m = massa e c^2 = velocidade da luz ao quadrado. A formação de massa passou a nos dar as formas, a estética em tudo "massificada". Vivemos no mundo das formas. Podemos dar formas diferentes em tudo. O barro, que suja nossos sapatos, vira um lindo vaso que serve de ornamentação. A forma é a expressão de uma ideia que constitui seu conteúdo. O conteúdo da forma pode ter explicação materializada e de fácil interpretação como pode também ser a mediadora do invisível. No entanto, nessa polaridade feio e o belo, vamos excluir as discussões do conteúdo expresso nas formas, pois será apresentada na próxima polaridade, o bem e o mal. Vamos nos ater às discussões sobre as estéticas das formas com que se nos apresentam (feia e bela). Com certeza, feio e belo é a polaridade central na vida que vivemos agora.

O belo é mais sensível a cada ser humano, ele resplandece em tudo, do mais simples (como a natureza) até a arte desenvolvida pelo talento humano. O belo constitui uma meta universal em que todos trabalhamos para alcançá-la. Cria-se o belo ideal definindo escalas para alcançá-lo. No entanto, o belo é expressão do sentimento de cada um. Cada um julga o belo do seu jeito com a presença ou ausência do prazer na mente e nas condições que tiver da recepção no seu interior. O belo é certo estado da nossa subjetividade, sem ser arbitrário e imperioso. No âmbito profissional, estabelecem-se regras e padrões de beleza que são até seguidos por muitas pessoas da sociedade. Como o belo está muito ligado ao julgamento humano, à medida que o homem evolui a beleza muda de face e de aspectos. Isso ocorre com o passar do tempo. O belo tem muito a sensação de ser diferente. Assim, estamos dizendo que o belo é raro. Temos diversas maneiras de julgar a beleza e cada objeto estabelece seu próprio tipo de beleza, como também cada pessoa estabelece seu tipo de beleza. Esse toque mágico de cada um na criação da sua beleza gera percepções diferentes em cada observador.

Embora estabeleçamos na consciência gradações entre essas duas polaridades, o belo e o feio, o feio pode estar dentro do belo. Com a evolução da arte, rompendo com a ideia de ser cópia do real e passando a ter a função de revelar as possibilidades do real, o feio entra nesse contexto, pois ele é real e sua representação é arte e se tornará belo pelo talento do artista. O feio passa a ser belo.

O feio só existe em razão do belo. Estabelece-se para o feio o que é repelente, grotesco, sempre se opondo ao belo. No entanto, existe tanta diversidade de feio – como o feio espiritual, da arte, da ausência de forma, da assimetria, da desarmonia e de outras formas repugnantes – que o feio deixou de ser simplesmente o oposto do belo. Existe até a classificação do feio em si e do formal. O feio em si independe de qualquer julgamento e consenso geral, como por exemplo, algo putrefato (corpo animal), fezes, entre outros. E o feio formal é aquele que foge do oposto natural, o belo. Um rosto desfigurado, um corpo desproporcional é feio pela comparação com o normal que é belo pelo julgamento da maioria.

O feio formal e o seu oposto, o belo, cria, portanto, o intervalo entre ambos que recebe sempre a análise dos observadores. Cada um de nós é um observador do outro, das coisas e de nós mesmos. Nas nossas observações, vamos descobrindo que os extremos (belo e feio) são indefiníveis, mesmo porque eles são comparativos e produto da percepção do observador. Na observação que temos de nós mesmos, precisamos definir o nosso ancoramento nesse intervalo entre o feio e o belo e estabelecer gradações. A idade é o fator essencial para estabelecer a distância de um polo ou de outro. A idade estabelece o limite nesse espaço, algo não aceitável por muitos. Queremos manter sempre a beleza da juventude. Na realidade, necessitamos de um equilíbrio entre esses opostos para nos ancorar com aceitação pela idade que ostentamos agora. Mas qualquer que seja a distância que estiver do belo (oposto do feio), não deixe que lhe escape a contemplação pela beleza nos outros, na natureza, na arte, nas coisas em geral. Esse belo, que é muito colorido, não pode tornar-se cinza, pela doença que retira a beleza de tudo – a depressão.

Mesmo que não reconheça tanta beleza em si mesmo, sem perder a autoestima, contemple a beleza nos outros, na natureza e em tudo ao seu redor. Seja consciente de que a beleza é real, mas efêmera e renasce até do feio. E, então, descubra a unidade nessa polaridade e a qualidade de vida que se está vivenciando agora.

CAPÍTULO VII
O BEM E O MAL

O homem é honrado pelo bem que faz aos outros e desonrado pelo mal que causa.

O bem e o mal expressam o conteúdo das formas a que nos referimos anteriormente na polaridade – o feio e o belo – e que caminham para infinitude nos dois polos. E pode ter explicação materializada e de fácil interpretação, como podem ser mediadores do invisível.

Na explicação materializada, o bem é tudo aquilo que cria, constrói, une, provê, dá suporte, ajuda, gera. Já o mal é associado a tudo aquilo ligado à destruição, doença, tristeza, pobreza, miséria, aos vícios, à morte, ou seja, oposto ao bem.

Desde o início do raciocínio no ser humano, ele passou a compreender o que era bem ou mal para consigo mesmo, ou o que era bem para si e mal para o outro ou para a sociedade. Esse entendimento emerge do egoísmo em dizer sim ao bem para si mesmo, deixando o mal para o outro. A definição mais clara entre o bem e o mal precisou de revigoramento na família e de educação na escola. A exigência da sociedade, em tornar o homem um ser social instituiu, para cada modalidade de sociedade, uma base moral definindo o que é proibido e os valores de conduta correta separando com clareza o bem do mal. Esses valores instituídos educam e formam o indivíduo. No entanto, precisa, ainda, da ética como solidificadora desses princípios, ampliando as normas morais e tornando o sujeito consciente dos valores e obrigações que formam o conteúdo das condutas morais. Essas normas ditadas pela moral e ética, para a conduta na sociedade, foram essenciais para os humanos. O homem é um ser social imposto pelas circunstâncias da vida moderna, sem base biológica, pois ele precisou produzir e consumir produtos e serviços dos outros. Os instintos humanos, regidos pelo DNA, foram selecionados para a competição e pouco para o associativismo.

As formigas e abelhas vivem em sociedade com a definição dos papéis de cada membro pelos instintos (DNA) podendo ser denominados instintos associativos. A operária tem seu papel definido biologicamente, bem como a rainha, sem necessidade de normas éticas e morais.

Na sociedade dos humanos, cada um de nós, sendo o indivíduo moral e consciente de si mesmo e dos outros, passa a ser dotado de vontade e capacidade de controlar e orientar desejos, impulsos, tendências e sentimentos para deliberar e decidir entre várias alternativas possíveis. Mas precisou, ainda, das leis como punição, para reprimir o mal nas condutas sociais, já que o processo competitivo e o egoísmo ofuscam, às vezes, as diferenças entre o bem e o mal para si mesmo e para os outros.

A decisão entre o bem e o mal é relativa e depende do contexto de cada situação. No ponto de vista de utilidade de alguma coisa, o bom é o útil. Na democracia o bom é o que a maioria julga assim. No meio jurídico o bom é o que as leis dizem ser bom. Outra análise é com relação aos meios para alcançar os fins. Usar o mal para alcançar o bem não tem explicação nas condutas moral e ética da sociedade e nem amparo das leis do jurídico.

Tanto o bem pode tornar-se mal, como o mal tornar-se bem. Um constrói o outro. O bem vive do mal e o mal vive do bem. Todo aquele que alimentar o bem está alimentando o mal, mesmo não tendo consciência disso. O mal ocorrido pode, momentaneamente, ser lamentado e até sofrido, mas força a pessoa a impor uma virada; é o ponto da virada para encontrar o bem, como em um círculo em que depois do mal vem o bem. É o mal construindo o bem. Mas o bem pode construir o mal. O pai, quando dá um carro a um jovem, ainda sem noção do perigo, pode estar colocando uma arma na mão dele e que pode disparar a qualquer momento, ferindo-o ou ferindo os outros (acidentes rodoviários). Ou o mal pode vir travestido de bem, mas que, rapidamente, mostra sua verdadeira face de mal, como os prazeres perigosos, os vícios danosos, a alimentação desequilibrada e em quantidade excessiva. O que a pessoa faz não tem, às vezes, tanta importância, o que importa é como ela faz ou a intenção com que faz.

O mal expresso pela destruição e a morte nada mais é do que formas de reciclagem. A construção (bem) e a destruição (mal) são o início e o fim de um ciclo de existência de qualquer coisa. O mundo em que vivemos é bipolar na sua essência. Ele constrói e destrói numa rapidez eloquente, formando ciclos duradouros ou não. A natureza está sempre causando o bem e o mal, dependendo de cada contexto. É o renascer que tem a morte como princípio, para o renascimento.

Outra análise sobre o bem e o mal é pelo sentimento e o pensamento do ouvinte de vozes dos outros. Às vezes falamos algo que achamos que é para o bem do outro, mas o interlocutor o interpreta como maldoso. Ou falamos mesmo para magoar quando não controlamos nossos impulsos.

A polaridade, o bem e o mal, é interpretada pelo nosso cérebro como dois pontos separados e distintos, sem considerar o processo de execução do mal ou do bem, isto é, a indefinição do intervalo entre eles. No âmbito jurídico o mal é punido por leis; define-se a dosimetria da pena com base no processo de sua execução ou melhor, o nível da crueldade da ação maléfica desenvolvida. Além disso, levam-se ainda em consideração na definição da dosimetria os atenuantes, avaliando-se, assim, os processos desenvolvidos na ação do bem para aquele contexto do polo oposto em julgamento, o mal.

Na realidade, não somos sempre bonzinhos e nem sempre maldosos, tanto para nós mesmos como para os outros. Existe, sim, um ancoramento entre esses dois polos e devemos refletir e nos situar entre eles. O interior de cada uma das pessoas tem a obrigação de descobrir seu verdadeiro centro, entre o bem e o mal. E buscar sempre se aproximar do bem. Fazer o bem cria a quietude que é a avenida que leva ao equilíbrio e paz.

Além da explicação materializada sobre o bem e o mal que acabamos de discutir, existe ainda a abordagem espiritual enfocada, principalmente, nos escritos religiosos.

No cristianismo, o Antigo Testamento relata a "queda do paraíso" em que vivia Adão, após ter criado Eva, a partir de uma de suas costelas. Eva é, então, aliciada pela serpente a comer o fruto da "Árvore do conhecimento" (fruto proibido) com a promessa de que ela poderia distinguir entre o bem e o mal tendo, logo, o poder de discriminação. Assim, o bem e o mal representam uma unidade, o UNO, que era o paraíso onde vivia Adão sozinho. A unidade é que salva e não a discriminação (polaridade). O homem saiu da unidade para a polaridade (discriminação). O paraíso ou o "Jardim da Unidade" é abandonado pelo homem que passa a residir no mundo polarizado das formas materiais. Com a consciência polarizada, surge o pecado e a figura do diabo, representante do mal, nos escritos bíblicos. Como Deus é o Criador de tudo no mundo, o diabo passa a ser sua criatura rebelde. Assim o mal (o diabo) é a rebeldia do bem (Deus, o Criador) e devemos fazer o bem e ficar longe do mal (diabo). As polaridades são visões diferentes da totalidade.

As formas materializadas, como motivo das polaridades, criaram no homem as visões diferentes das unidades como matéria. Porém, longe dela (após a morte do corpo) teria apenas a visão única da unidade aproximando-se da Unidade maior – Deus. Deus é a Unidade que une todas as polaridades em si mesmo.

CAPÍTULO VIII
O POBRE E O RICO

> *Fora da pobreza e da riqueza capitalista está a felicidade alcançada por outros meios.*

A polaridade pobre e rico tem muito a ver com a falta (pobre) e a abundância (rico) que constituem a expressão que uma pessoa manifesta para os outros ou para si mesmo, encobrindo os processos e meios empregados no tráfego entre os polos. A polaridade pobre e rico é o conteúdo das formas.

Nascemos e vivemos com muitas carências. Do que precisamos para viver já existe aqui no planeta quando iniciamos a vida. Mas precisamos adquiri-los, buscá-los. Buscamos o amor, o carinho, o aconchego, alimento, os amigos, o trabalho, o conhecimento... Entretanto, às vezes recebemos a inimizade, o ódio, falta de carinho, falta de trabalho e até fome... O balanço entre o que está ofertado a todos nós e o que conseguimos adquirir é sempre suficiente para viver. Embora o ódio exista no caminho de cada um, encontrará sempre o amor dos pais, dos irmãos, amigos, do/a namorado/a ou esposo/a. Embora inimigos estejam sempre à espreita no caminho da vida, encontrará a amizade e um ombro amigo para acolher as suas lamentações. Embora a falta de carinho ou a rispidez existam nas pessoas desequilibradas, encontrará o carinho daqueles que têm a paz e o amor ao próximo. Embora o emprego lhe falte em algum momento, encontrará a criatividade e a motivação para se tornar patrão ou patroa dando a mão a outros por meio do trabalho. Embora a fome possa grassar nas caminhadas pela vida, encontrará o enviado de Deus para lhe ofertar o mesmo pão que Cristo ofertou a seus apóstolos na última ceia.

Esse desequilíbrio entre o que é ofertado a todos nós durante a vida e o que alcançamos ou tentamos está na pobreza e na riqueza das pessoas com quem nos relacionamos durante a vida. Quantas riquezas encontramos nas pessoas pela vida! Riqueza de conhecimento, aprendendo um ofício (profissão), e com ele obtendo os recursos financeiros para viver: pedreiro, eletricista, pintor, bancário, ator, juiz, procurador, advogado, médico, engenheiro, cientista, professor etc., contrastando com a pobreza da incompetência e falta de acesso ao mercado de trabalho. Riqueza na caridade como vivenciada pela Madre Tereza de Calcutá e tantos outros anônimos em várias comunidades; contrastando com tanta pobreza nos egoístas tão comuns entre várias pessoas. Riqueza no amor ao próximo como vivenciado por São Francisco de Assis e tantos outros anônimos, principalmente os religiosos, contrastando com a pobreza dos que têm ódio e discriminam o próximo. Riqueza no amor aos pais, esposo/a, filhos, irmãos, parentes, amigos, contrastando com a pobreza da desavença e desagregação da família. Riqueza da alegria e vontade de viver, contrastando com a pobreza daqueles acometidos da tristeza e depressão, perdendo o sabor de viver. Riqueza da calma e tolerância consigo mesmo e com os outros, contrastando com a pobreza da intolerância e do nervosismo, causando estragos em si mesmo e nos relacionamentos. Riqueza na misericórdia e no perdão, contrastando com o rancor, a raiva envenenando seu próprio arquivo cerebral.

Nascemos sem meios para viver, nascemos pobres, mas cheios de motivação, alegria, esperança, fé, planos e desejos. Essas energias reunidas mostram os caminhos a seguir, e muito mais, são combustíveis para executar os processos e meios nas atitudes tomadas rumo à alguma riqueza desta polaridade. Sem a energia gerada pela motivação, esperança e fé não se deixa a inércia; falta atitude e a ação não se consuma. Mas, com elas, conseguimos a abundância, isto é, a riqueza de planos e a satisfação dos desejos.

Há pobreza e riqueza na caridade, na partilha, no amor ao próximo e a si mesmo, na misericórdia, no conhecimento; todavia, na ideia capitalista, elas estão ligadas ao ter e ao poder. O ter é o direito à posse de alguma coisa como casa, carro, apartamento, prédio, fazenda, sítio, dentre outros. Ser dono! O poder é o senso de comandar pessoas em grupos variados. Ser respeitado por outros, como chefe. O poder pode vir do ter, quando se compram empresas, grandes monopólios, ou ser alcançado pela política por cargos recebidos.

Como a vida do corpo físico é transitória, a consciência não quer cultivar essa transitoriedade. E a posse de alguma coisa supre, talvez, o desencanto da consciência com a transitoriedade da vida. Mas o capitalismo também reforça a angústia da consciência adicionando o argumento da segurança futura. É fato que precisamos planejar o futuro. Buscar a riqueza é a motivação para viver, afogando os momentos e instantes e vivendo apenas o que vai acontecer (futuro). As regras capitalistas citam como núcleo central desse processo para o caminho da riqueza financeira abster-se do consumo e comprar bens de capital. Ensina que se deve poupar e investir o dinheiro que não gastou. O pobre seria aquele que todo o dinheiro obtido vai para o consumo e nada para investimento. O capitalista, então, é todo aquele indivíduo que poupa, consome menos do que tem, e que, ao abrir mão do consumo, aplica seus recursos escassos na aquisição de bens de capital. No mundo capitalista a riqueza só existe se temos coisas para comprar.

Criar a abundância (riqueza), restringindo a realização de planos e desejos ao longo da caminhada da vida, pode trazer traumas ou desencantos, quando no final da caminhada (velhice) refletir que perdeu muitos momentos bonitos, não realizou os planos, não satisfez os desejos que edificou na mente, buscando somente acumular recursos e bens, concluindo, assim, que levou uma vida vazia no momento de tanta disposição, alegria e felicidade para compartilhar com os outros. Esqueceu que a vida é viver e que o durante é muito melhor do que o início e o fim. Outros, entretanto, não desperdiçam tempo com reflexão e continuam na mesma intensidade ou até mais, buscando abundância financeira e de bens, apoiado na meta do sempre mais. E a todo o momento em que se acredita que alcançou o extremo (o mais rico financeiramente), o topo se afasta, pois sempre existe um mais rico tomando o ápice. É o infinito da abundância (riqueza). No outro extremo, a falta (pobreza), também é infinita. O ápice dela é definido por padrões internacionais – é a pobreza absoluta. A vida impulsiona sempre cada um de nós para a direção da abundância (riqueza) financeira, mas força a regredir quando as buscas fracassam. O impedimento ao trabalho ocorre pela velhice (quando não planejou o futuro), doença ou pela interferência maldiciosas de outros.

A luxúria (abundância e desperdício) desonra a riqueza financeira. Dentro de si, a voz da consciência recrimina-lhe o apego desregrado pelas roupas, pelos prazeres excessivos da mesa e, sobretudo, pelo dinheiro. Muitas pessoas consomem a vida buscando mais riqueza financeira e se esquecem das outras riquezas que dissemos: o conhecimento, a caridade, amor ao próximo, amor na família, a alegria e vontade de viver, calma e tolerância, entre outras. E que precisam também alcançá-las. Vira um rico financeiramente e pobre em tudo mais do que o dinheiro. São muitas as riquezas na vida, a financeira é apenas uma delas. Assim, são muitos os ricos encontrados nas sociedades humanas mesmo sem a riqueza do ter e do poder. Não existe culpado para nossas riquezas e pobrezas, pois somos nós mesmos que desistimos do enfrentamento delas.

A unidade nessa polaridade pobre e rico é o viver com as diferentes riquezas que cada um construiu misturadas às pobrezas que delas não conseguimos decolar. Assim, no intervalo entre a pobreza e a riqueza estará cada um de nós ancorado. A mobilidade de cada um na direção do polo escolhido estará em função dos limites. Precisamos definir, portanto, os limites e depois descobrir os empecilhos que se nos apresentam para alcançar várias riquezas. Esses entraves à mobilidade de cada pessoa nesse trajeto precisam da reflexão para descobri-los.

CAPÍTULO IX
O NOVO E O VELHO

Sem se envolver com as marcas do tempo entre o novo e o velho repousam o equilíbrio e a paz necessários para viver.

O novo e o velho constituem um tráfego pelo tempo. Ao olhar o velho se vê tudo já realizado e no novo tudo ainda precisa acontecer. Podemos achar o velho ruim, mas é conhecido. No entanto, o novo é arriscado, perigoso, pois existe dúvida do que vai acontecer. O novo encanta a muitos pelo desafio que é comum nas pessoas, rejeitando o velho pela monotonia do caminhar pelas mesmas trilhas. O velho, então, não é o contrário de novo. O novo é o contraponto do que temos aprisionado no nosso arquivo de memória. O novo se origina nas referências que temos nesses arquivos. O velho pertence ao tempo, às referências, criadas pelos valores e crenças de nossa memória. O novo, entretanto, nasce em tempo diferente e traz liberdade, mas pode ser cárcere pelas incertezas que encerra. Afinal, o novo nasce dentro de cada um, mesmo do velho. É só abrir a porta do firmamento e os arquivos do passado, em que estão as experiências, vão indicar o caminho para reconstruir algo – o novo – com as experiências já acumuladas. E o novo nasce a cada momento corrigindo os erros do velho fazer, aproveitando e evoluindo o que deu certo e que, então, precisa avançar, inovar. O homem é o único animal que pode nascer de novo dentro de si mesmo, pois o cérebro arquiva todo o passado que está pronto para ser lapidado e nele está o caminho para recomeçar ou avançar mais, inovando com base no princípio que está arquivado.

O apego a pessoas, ideias, crenças travam a iniciativa de mudar, isto é, fazer nascer o novo. Assim, ficamos parados sem evoluir, repousado no velho que já exauriu todo o seu conteúdo. E de suas cinzas precisa nascer o novo. Precisamos abrir mão do velho para receber o novo. Precisamos inovar para dar a mão ao novo. O novo quer fazer diferente, quer a sua personalidade, quer avançar, quer demolir ideias, crenças, quer ser mais eficiente, criativo e operacional. Quer sair da zona de conforto para enfrentar as incertezas e os desafios. Mas quer seguir em frente, buscar outro espaço, buscar ares mais oxigenados, buscar uma vida trepidante, sem acomodação, buscar o viver enquanto há vida. O novo não fecha a porta para ninguém; basta recomeçar, recriar, refazer, ressuscitar das ideias, crenças e apegos em geral. O novo é como dar um salto no espaço vazio, mas com paraquedas, representando a segurança que precisa ter nas novas ideias para que convença a si mesmo e aos outros cooperadores no novo projeto.

A vida atual exige renovação do conhecimento. Somos alunos e professores ao mesmo tempo. Novas aprendizagens e novos conhecimentos são exigidos pelo mercado de trabalho. E todos estão afetos a eles. Estamos sempre aprendendo o novo e desaprendendo o que é velho. Quando o novo nasce, o velho ainda não morreu. E o embate entre o novo e o velho durará muito.

No nosso arquivo mental, o velho sem utilidade no presente pode estar ocupando o espaço para o novo. Pessoas do passado, que não fazem mais sentido, podem estar ocupando espaço na mente. Fatos ocorridos no passado, sem proveito no presente, podem estar ocupando espaço ou impedindo o ancoramento do novo, útil no presente. Elimine o que é velho e que não tem mais utilidade e limpe a sua vida começando pelas gavetas e armários.

Mas o velho não é desperdiço, não é entulho. É algo construído. E o construído carrega consigo sua antecedência. E essa história (antecedência) interessa a si mesmo e a outros. E vira um código do qual não podemos nos desprender e precisa ser respeitado. Afinal, essa história não é imposta, mas nasce espontaneamente na vida e dela o velho se serve. O velho é novo quando suas ideias ultrapassam a barreira do tempo. A obra arquitetônica de Brasília poderia ser velha, já que data de 1960, mas a ideia foi tão inovadora que sempre será nova (ultrapassa a barreira do tempo). Nas formas o novo e o velho são carentes de critérios. Existe sempre o menos novo e o menos velho, dependendo da percepção pessoal de cada um, semelhante ao fato da água ocupando metade do copo – para o otimista o copo está meio cheio e para o pessimista ele está meio vazio.

O novo existe até que seu tempo se exaure, seu conteúdo termina ou se transforma e o velho dele se apodere. E, assim, o novo torna-se velho e dele nasce o novo outra vez. E isso observa-se também na natureza, na vida biológica em geral. Nos humanos tal polaridade tem como unidade o Ser, a Persona, a nossa estrutura biológica, com cada pessoa tendo percepções diferentes nas diversas fases da vida. Na vida humana, o tempo nos transporta do novo para o velho, como um salto sobre um penhasco. Ancoramos, temporariamente, em algum ponto neste intervalo criado entre o novo e o velho. São as estações da vida, da infância à velhice. Nesse percurso vamos alterando nossas percepções sobre os vários aspectos da vida, criando emoções e emocionando os outros. Mas temos uma fisiologia interna que envelhece junto. E vamos criando e vivenciando os encantos da vida, vendo o novo passar e o velho chegar, tornando a própria vida humana o melhor campo de estudos para essa polaridade (o novo e o velho). As alterações em cada um de nós passa pela estética (aparência física) bem como no comportamento conhecido pelos sentimentos dos seus próprios atos, percepção dos atos alheios ou percepção de seus atos pelos outros.

A psicologia, através do comportamento manifestado, descreve fases bem distintas no intervalo entre o novo e o velho (ver Barros – Líder transformador). A fisiologia diz que começamos a envelhecer a partir do nascimento. A biologia, estudando inúmeras espécies, concluiu que ocorre uma curva exponencial de crescimento atingindo um plateau com períodos de tempo variáveis, quando, então, o declínio ocorre no ciclo vital do organismo. Talvez aplicando esses conhecimentos na vida humana, chegaríamos a conclusão que temos três fases distintas: a subida, o plateau e a descida, o que estaria compatível com a vida biológica em geral.

Na vida humana o novo vai passando por estações e nos encantando com suas diversas fases. A vida humana é segmentada com alterações fisiológicas, da pele, psicológica, comportamentais, de expectativas, conhecimento, sentimentos, experiências, entre outras, que ocorrem a cada ciclo de sete a dez anos. Parece que a vida segue em saltos no tempo. Essas alterações são grandes nos primeiros ciclos e mais lenta a partir dos 50 anos. Parece uma infinitude segmentada em vários finitos. Portanto, temos dois aspectos centrais para fundamentar a passagem do novo ao velho nos humanos, quais sejam, a fisiologia e o comportamento.

1ª METADE OU A SUBIDA

Para muitos, esta fase encerra-se aos 45 anos, quando analisada apenas pelo comportamento, mas atinge o ápice ao redor dos 18 a 22 anos quando analisada pela fisiologia interna; e começa pelo novo. E as crianças, com suas fragilidades e inocências, florescem o lar e trazem alegria para todos. Com sua mente vazia, está sempre à espera de ensinamentos e acumulando conhecimento. E, se fornecidos na qualidade desejada e saudável, o futuro homem ou mulher não precisará ser punido, não precisará sofrer pela falta de trabalho e de carinho dos outros e de si mesmos.

As crianças manifestam suas emoções nos brinquedos e em cada coleguinha com quem brinca. Inventa seu mundo que é diferente do real. Na escola começa a adquirir conhecimentos para a vida real complementando o que aprendeu com os pais e os familiares. Aos 12 anos, aproximadamente, encerra-se a fase em que a fantasia (brinquedos) projetava um paraíso. Até aí, a criança era o pai ou a mãe, não tinha identidade própria, não existia separação sexual entre as pessoas – tudo era uno! A aprendizagem era movida apenas pelos elogios. Não havia erros! É o novo se transformando.

Agora, entra na puberdade (pré-adolescência), torna-se sexualmente madura e capaz de procriar, tudo isso causado pela produção de vários hormônios. É a fisiologia mostrando o caminho na direção do oposto, o velho. Reconhece-se a separação sexual entre o homem e a mulher e começa a sentir que tem identidade própria, que não é mais o mesmo que o pai ou a mãe. Talvez a criança começa a ter seus próprios pensamentos, busca outra unificação, movido sexualmente e no amor. Começa a ter dúvidas sobre quais pensamentos são seus ou dos pais. Será que estudo agronomia porque meu pai é agrônomo? Será que essa escolha deve ser minha ou dos meus pais? Sente a necessidade crescente de distanciar dos pais e buscar outra identidade. É a crise da identidade, muito discutida pelos estudiosos, buscando a sua própria essência! Sente que o mundo é verdadeiramente diferente daquele dos 12 primeiros anos. E aquele corpinho tenro está se transformando. É o novo de agora expondo pelo comportamento as mudanças já ocorridas em si mesmo, endogenamente nos processos fisiológicos.

Parece que o adolescente quer assumir-se e determinar as suas próprias ações, sem estar preparado para essas decisões.

Sem saber que, internamente, algo aconteceu na sua fisiologia, o jovem dos 12 aos 14 anos sente atração sexual, fato desconhecido até então. E esta é a grande novidade nessa passagem da fase infantil para o juvenil. É o novo seguindo no tempo a procura do primeiro amor, movido por uma fisiologia que se alterou internamente. Ou, em outras idades, a procura dos amores ainda não vivenciados.

As emoções no primeiro encontro vão inundar o corpo de cada um. E a mente encontra um universo de encantamentos. Será que o/a leitor/a, na idade própria, experimentou este momento?

– De repente você apareceu lá longe. E o meu pensamento se encheu de desejos. E na trilha da imaginação fico querendo ser o sol que o/a rodeia, ser a água que cobre sua pele, ser a sombra que projeta do seu corpo, respirar o mesmo ar que você respira, ouvir o bater do seu coração, sentir a beleza das flores e da natureza que você sente, enfim, estar ali ao seu lado. Noutro momento, ali estava ao seu lado atraído/a por meios que ainda desconheço, mas a sua presença é real. Sinto meu coração disparar. O calor inunda meu corpo. O suor brota na minha face. Palavras são impedidas pela emoção. Sei que, em qualquer momento, o meu corpo receberá o toque de suas mãos. Já recebi o olhar que me atrai, que me domina. A visão que tenho é azulada e a emoção faz meus olhos brilharem pelo líquido que deles começam a escorrer. Neste momento não existe conversação, mas apenas a troca de emoções, sem ainda entender por que tudo isso ocorre. Sua presença é a estrela que se materializou. É a luz que brilha mais que o sol. É flutuar no espaço ao seu lado. É sentir nós dois no paraíso, rodeado de belezas indescritíveis. Nada mais forte, neste momento, do que olhar no fundo dos seus olhos, sentir sua energia diferente circulando por todo o meu ser. E, de repente, sua mão toca a minha, e ali brinco com seus dedos, com meus olhos atraídos pelos seus. A emoção se eleva e a vontade de me envolver em seus braços é enorme. Mas não sei se posso fazer isso. Meu coração diz que sim. Não sei se vou atendê-lo. Mas também quero sentir todo o seu calor e não só o das suas mãos. Mais do que de repente os seus lábios tocam os meus. O contato macio de seus lábios contra os meus esquenta meu coração e a emoção não me deixa ver nada ao meu redor. Sinto-me sozinho com você no universo, numa viagem em que estrelas brilham ao nosso redor e entre elas vamos caminhando. Tenho certeza de que estou fora de mim, numa harmonia com o além, como um sonho, voando nas asas da emoção. Aperto mais meus lábios contra os seus e a sensação de flutuar no espaço é ainda maior. Vejo névoa e, dentro dela, a luminosidade é intensa. Agora, sinto também o abraço que me força a misturar meu corpo ao seu, mas não deixo que o beijo termine. Ele é o complemento maior dessa energia de seu corpo que inunda o meu. É tudo tão envolvente, tão lindo, que até desconfio que não seja real. Mas acho que sim, pois na minha viagem nas asas da emoção, a luminosidade intensa que vejo é a de um reino explicado pelos anjos que o envolvem e que podemos somente contemplá-lo, ainda sem cartão de visita. Preciso entender o motivo de tudo isso! O meu pensamento diz que é o amor, pois só ele permite a doação de um ao outro e que, na sua essência é Deus, pois ELE é puro amor. Assim, lá no reino que presenciei pelas asas da emoção ao seu lado, estava Deus, pois o amor que vivenciei e senti me levou a ELE. Agora sei como é bom amar e viver no amor que nos leva a Deus.

Esse amor, nessa intensidade, é difícil se manter por muito tempo. Mas o amor, na dosagem certa, precisa ser parte da vida de cada um, até o final da existência, passando do novo ao velho nessa transformação sentida e vivenciada por cada um como protagonista e plateia ao mesmo tempo. Não tenha medo de amar. Amar a si mesmo/ a, ao próximo, a natureza... Enfim, tudo merece seu amor. Amar, não é só o meio mais sublime, bonito e saudável para se viver, mas também o caminho que nos leva a Deus. Ele nos faz esquecer o ódio, a ostentação, o orgulho, a inveja, a luxúria, as desavenças, a perseguição, a retaliação, a raiva. E Ele nos conduz a dividir a vida com outro(a), convidando, também, a alegria e a felicidade para banhar nossa vida e livrá-la das sujeiras, que ofuscam sua beleza, que os nossos olhos e nossos sentimentos procuram.

E o novo caminha pela vida com uma fisiologia muito alterada. Já aos 14 anos, aproximadamente, é preciso falar sobre a carreira, pois se quer entrar na faculdade, precisa já ter uma definição sobre a grande área do conhecimento em que pretende trabalhar: medicina, engenharia... Muitos não acham resposta imediata. Outros acham que sim, mas trocam as áreas mais tarde.

Na adolescência (14 a 18 anos), período de grandes transformações fisiológicas internas, despontam alguns talentos em nível de liderança. Lembro-me de fatos da minha vida nessa fase. Ainda no colégio interno, fui responsável pelo departamento sociocultural do grêmio estudantil com atribuições de preparar notícias para o jornal mural e auxiliar aos colegas que ficavam doentes, providenciando junto a direção do colégio alimentação adequada, assistência médica e de enfermeiros. Outros colegas organizavam partidas de futebol e festas para os amigos nas dependências do colégio, onde não faltava música para se dançar, fazendo o que gostava e gosto muito. Também outros participavam de movimentos políticos juntamente com a campanha nacional dos estudantes, numa época de muita turbulência na política nacional (1964-1967). Foi para mim um bom início para exercitar a questão de liderança. É o novo se preparando para a vida real.

Contudo, nos trabalhos em equipe que participava, era difícil manter uma organização nas reuniões. Todos queriam impor os seus próprios pontos de vista pelo tom da voz e quanto mais alto falavam mais pareciam convencer. A fala de um se juntava a dos demais colegas e todos falavam alto ao mesmo tempo. É o novo se preparando para a vida real.

A psicologia ensina (ver Barros – Líder transformador) que o período entre os 10 e 20 anos é o mais intenso em termos de mudanças, decisões, emoções e sentimentos que cada um experimentará em toda a existência. É também um período de grandes transformações na fisiologia interna. Serão os anos em que a pessoa realmente começará a descobrir sua própria voz, e a usá-la. Será uma década de amizades profundas e sinceras, em que sua família é substituída pelo elenco de colegas. E suas atitudes e opiniões serão mais influenciadas pelos amigos do que pelos seus pais. Por isso, é bom ter colegas com boas atitudes e opiniões para compartilhá-las consigo mesmo.

2ª METADE, PLATEAU E DESCIDA DO PONTO DE VISTA BIOLÓGICO

Sem tantos parâmetros fisiológicos e comportamentais, muitos têm estabelecido um período limite de 45 anos para se chegar ao topo da curva da vida e daí começar a descida, o que me parece simplório e superficial. Com o conhecimento que descobri na pesquisa biológica, fisiologicamente as pessoas chegariam ao topo da curva da vida aos 21 anos, quando o corpo completa seu desenvolvimento. Daí para frente passamos por um plateau (estacionário) com muita energia para viver na busca do ter e do poder por inúmeras décadas. Com a tecnologia e o conhecimento científico já alcançados, além dos cuidados com a saúde que aumenta, a fase de declínio tem sido postergada e a cada ano esse plateau (estacionário) se expande. A descida do ponto de vista biológico só ocorrerá com alguma doença impeditiva do fluxo intensivo da vida ou por sentir-se que a energia e a motivação para continuar no mesmo nível dos jovens declinaram-se. Hoje muitos se aposentam, mas continuam trabalhando, pois se sentem tão competitivos quanto os jovens, podendo chegar aos 80 anos ainda com energia e motivação. Assim, o período de plateau no ponto de vista biológico pode durar dos 21 aos 80 anos? Talvez para muitas pessoas em muitos países e em diversas especialidades de trabalho. Acho que posso chegar lá na atividade de professor universitário!

Voltando à análise comportamental, ainda na fase da subida da curva da vida, o novo já progrediu muito no tempo. Apesar do corpo físico estar totalmente formado aos 21 anos, tanto no homem como na mulher, a parte das emoções ainda está em fase de consolidação, segundo os estudiosos do assunto. A fase dos 21 a 28 anos foi de grandes variações emocionais para mim desde a sensação de fundo do poço, para logo, em seguida, elevar-me novamente para as alturas dependendo do meio externo em que estava pois nesse período fiz o curso de mestrado e comecei a trabalhar. Segundo especialistas, na idade entre 20 e 30 anos ocorre grande incidência da depressão. Essa doença terrível que leva a fenecer a vontade de viver e a alegria. Mas que seja breve esse período deprimido. Agora o adulto jovem mistura-se com os adultos mais velhos. Apesar de ter vasto conhecimento teórico, adquirido na faculdade, falta experiência e, além disso, falta estabilidade emocional, o que gera insegurança interna. É a mistura do novo com o velho expondo as arestas de cada um.

É a fase de entrada na vida profissional. Inicia a carreira. Lembro-me que iniciei como docente na universidade aos 25 anos. Irreverente e cheio de ideias progressistas, entrei em rota de colisão com os mais velhos – muitos sem qualificação profissional na época. Mas consegui criar e aprovar nos colegiados universitários normas de progressão na carreira docente fundamentadas no mérito acadêmico. É a fase do novo exposta aos velhos.

Lembro-me que nas reuniões gostava de ter um papel de destaque, criando novas normas e procedimentos baseados em ideias progressistas, porém com dificuldade de acatar pontos de vista contrários aos meus e dificuldade de ouvir os outros. Contrariar a minha ideia significava abalos na minha segurança interior. Na realidade o jovem trabalhador vive a ilusão de que a vida está pela frente e tudo é possível para o seu voo, o céu é o limite. É o confronto entre o novo e o velho.

O jovem trabalhador na empresa trabalha sempre em nível de normas, procedimentos e metas de curto e médio prazo, porém com visão apenas de sua própria área ou seção de responsabilidade. É o receio do novo em fracassar perante ao velho.

Quando o jovem está estabelecido em algum local de trabalho, como no meu caso, inicia a construção de sua família com o casamento, podendo já vivenciar as emoções de um filho(a). Casei-me com 27 anos. É o ciclo da vida, porém, com muitas transformações nestes 25 a 28 anos de existência, saindo de sua vida agregada à família, passando pela faculdade, encontrando o local de trabalho e, agora, pronto para participar na criação de outro ser – o filho/a. Que transformação o novo já experimentou!

Na psicologia, o vigésimo oitavo ano pode ser um marco importante para muitas pessoas, tendo que passar por uma crise interior, pois os talentos inatos que trouxe consigo mesmo começa a esvaziar-se, sente que tudo que faz precisa de 20% de inspiração e 80% de transpiração. É a necessidade de trabalhar duro o que pode levar alguns à depressão.

Aos 28 anos iniciei o doutorado nos EUA. Foi vida dura de muitas transformações e pressão. É o novo sentindo o impacto da vida real, trilha que o velho já passou.

Nesta fase, são grandes as emoções geradas pelo amor que vão refletindo no convívio com a mãe, parceira, filhos, familiares, amigos. Às vezes, a emoção supera a razão em muitas ações e decisões. E o novo amadurece.

Segundo especialistas em gestão de recursos humanos, dos 28 a 35 anos, as turbulências, por causa da inserção na vida profissional e no casamento, já são controladas com maior racionalidade e as emoções não levam mais a atos impensados – o interior consolida-se. Na minha vida a primeira filha chegou aos 32 anos. A vida entre adultos mais velhos já não me afrontava mais ou me causava menos medo em razão da maior firmeza em corresponder às expectativas dos mais experientes. Agora com doutorado, família consolidada, os atritos com meus colegas docentes mais velhos foram contornados com diálogos mais suaves. Os meus impulsos já eram controlados pela razão e a tomada de decisão era sempre posterior à ponderação e momentos de reflexão. É o entendimento entre o novo e o velho.

Segundo psicólogos, nesta fase, a diferenciação entre o ser do ter e poder parece bem forte. O ser (corpo e a mente) já está bem consolidado. Mas o ter e o poder brotam com grande força. Nesta fase, conscientiza-se de que se pode ter dinheiro, bens, status, fama. Aquele adolescente que queria ser igual a todos do grupo de colegas, agora adulto, quer fazer diferente, destacar-se dos demais, criar identidade própria, ser atraente e ter sucesso conseguindo um bom emprego ou inovando no setor de comércio ou corporativo. É o novo pronto para uma vida equilibrada.

Em decorrência de maiores exigências no mercado de trabalho, por exemplo, para o treinamento em nível de doutorado e pós-doutorado, cresce o número de pessoas, que, apenas nesta fase, começam a obter vaga no mercado de trabalho e iniciar a carreira, porém, com níveis altos de responsabilidade e até de direção (chefia), pois já adquiriu na universidade seu treinamento em alto nível.

Segundo os estudiosos da gestão de recursos humanos, para a maioria das pessoas entre 35 e 42 anos, a família e a atividade profissional já estão consolidadas. Sente-se que a segurança interior aumentou. Por isso assume mais responsabilidade e trabalha mais. Na minha vida, assumi nesse período o cargo de pró-reitor na universidade e alcancei o nível mais elevado na progressão da carreira docente. Confesso que passei a observar melhor a mim mesmo e de forma mais objetiva, cuidando melhor da alimentação. Também observava melhor ao meu redor, colegas de profissão, e minhas interações com outras pessoas. Agora observava que a vida tem limites. Tem um ancoramento de cada um entre as polaridades da vida. E que nem tudo que havia sonhado aos 25-28 anos será possível realizar. Os limites passaram a integrar a minha vida. Comecei a questionar as expectativas dos outros, meu próprio papel na comunidade – foi a fase de rever conceitos. Comecei a buscar por algo novo, mais verdadeiro, mais autêntico, para ser mais feliz e comecei a pensar no sentido da vida. Porém, o trabalho intenso me afogava e a produtividade era elevada. Nas reuniões, lembro-me que aceitava que as minhas ideias não eram necessariamente as melhores e procurava discutir sem impô-las, mas mostrava, sempre, pontos que poderiam levar ao fracasso as decisões tomadas.

Existe ainda uma segunda metade no tempo da vida humana ou a descida do ponto de vista comportamental. É o aproximar mais do polo oposto ao novo, o velho. Muitos admitem que a segunda metade da vida ou a descida inicia aos 45 anos, embora sem amparo em parâmetros fisiológicos. Parece que sentimos que chegamos à metade da existência entre 45 e 50 anos, principalmente no século XXI, em que muitos vivem até os 90 anos.

Segundo estudiosos, dos 42 a 48 anos inicia-se uma fase de experimentação, porém, dentro de uma identidade própria que já encontrou. As pessoas estimulam outras a crescerem e a serem criativas. Os adultos nesta fase buscam a transparência e conquistam a confiança dos outros. Sabem antecipar-se a situações e a desafios futuros. Mas a experiência e o conhecimento acumulados forçam-nos a absorver mais responsabilidades na administração e o trabalho intenso ultrapassa o limite físico, ocorrendo estafa, estresse, podendo afetar gravemente a saúde. É o velho nascendo do novo.

Embora a biologia nos diga que começamos a envelhecer já no nascimento, muitos citam a acentuação do envelhecimento como declínio observável da fisiologia a partir dos 42 anos. Outros relatam evidências a partir dos 50 anos.

Em razão da experiência e conhecimento acumulados, exige-se muito mais da pessoa na faixa etária dos 49 aos 56 anos, ultrapassando até o limite do corpo físico. Agora (entre 49 e 56 anos) é necessário dar ritmo às atividades, adequando-as às suas necessidades físicas, que foram bastante alteradas – e já se sente os efeitos dessas alterações. Basta observar a si mesmo. Ritmo para dormir, ritmo entre trabalho e lazer, ritmo nos tipos de alimentos ingeridos. São os limites a que nos referimos. O ritmo é o próprio segredo da vida. Adequar tudo ao ritmo do seu corpo, o qual já foi alterado, propiciará uma vitalidade maior nessa fase. É o velho se apoderando do novo.

Segundo psicólogos, aos 56 anos, como resultado das alterações hormonais, no homem despertam-se sentimentos de ternura, algo que trará dificuldades, pois poderá não ser correspondido pela esposa ou companheira. Por exemplo, o homem sentirá necessidade de relacionamentos afetivos, voltando mais para a casa, a família. Entretanto, os filhos já têm a sua própria família, com seus interesses e preocupações. Aquele homem com trabalho árduo e tempo escasso para observar o crescimento dos filhos e com eles brincar, agora arrepende-se de não ter visto os filhos crescerem.

A esposa, após a menopausa, ao redor dos 49 anos, tem também grandes alterações hormonais. Entretanto, começa a tornar-se mais forte e resolve tornar-se atuante no mundo externo, cheia de compromissos sociais e de trabalho, e com pouca disposição para corresponder à ternura incrementada no marido. Os netinhos e netinhas podem ser a compensação. Caso contrário, o casamento pode se encerrar.

Outro fenômeno nesta fase é a questão da contagem regressiva da vida. A pergunta aparece: quanto tempo ainda tenho de vida? Alguns dizem que isso ocorre perto dos 40. Outros têm esta reflexão entre 45 e 50 anos, aliado à pergunta: por que tanto trabalho dedicado à aprendizagem de cursos de mestrado e doutorado e, além disso, treinamento pós-doutoral, por longos anos, para acabar tudo (a vida) em nada em tão pouco tempo? Começa, então, a rever o que fez e o que ainda pretende fazer nesta existência. Também questionar: quem sou eu realmente? O que é a essência da vida? Como alento para o tempo que agora parece pouco para o final da existência, surge a religiosidade ou, em outras pessoas que já a tinham, a prática é intensificada. A religião é, também, o apoio psicológico nessa fase. Mas começa, se ainda não existia, a questão da existência real do espírito acoplado ao corpo físico, talvez, até pela vontade de se perpetuar, mesmo que seja apenas espiritual, as experiências aqui vivenciadas quando junto ao corpo físico. Nessa fase, torna-se mais sensível à emoção, reconhece a necessidade da vida a dois (parceiro ou parceira, casamento) e preocupa-se com a vida dos filhos, suas alegrias, tristezas.

Dos 56 a 63 anos, não se sente que o tempo passou. Para ele ou para ela, parece que muito cedo na vida tornou tarde demais. E o corpo que ainda se sente jovem internamente, já mostra os sinais desgastantes do tempo. Porém, sente que o tempo, à frente, ainda é extenso; entretanto, grande parte dele já passou. Ao ver a pessoa mais idosa, a mais jovem pode dizer: eu serei você amanhã ou eu fui você ontem!

E o espaço entre o novo e o velho já está bem percorrido. A vida agora, desconsiderando o percurso já vivido e avaliando apenas o porvir, leva muitas pessoas a ter muito pouco para avaliar.

Chama a atenção para essa fase da vida o fato de que dois terços das grandes obras da humanidade foram criados por pessoas acima dos 60 anos. É a fase da produção com qualidade, pois é o apogeu da experiência e do conhecimento, colocados a serviço da comunidade e das organizações. Entretanto, o declínio fisiológico continua, precisa-se de óculos para ler, a capacidade auditiva se reduz. Os fenômenos do mundo externo já não causam um impacto tão grande sobre si, possibilitando mais percepções interiores, desde os sinais de fracassos de alguns órgãos internos até a percepção de que dentro de si existe algo além do material, que é transcendental e que governa tudo que é orgânico.

A pessoa, nessa fase, mostra que os fatos ocorridos e as experiências vivenciadas, durante todo o percurso até aqui, não ocorreram por acaso, foram escolhas provocadas por ela mesma para seu aprendizado. Porém, não pode voltar atrás e refazer o percurso, mas, sim, seguir em frente buscando sempre a alegria e a satisfação de viver.

E o novo chegou ao polo oposto e expõe as suas vantagens e desvantagens que enfrenta agora em nova condição.

A partir dos 63 anos é a fase da aposentadoria para a maioria das pessoas, principalmente no Brasil. No serviço público, aos 75 anos ela é compulsória, isto é, perde-se o vínculo empregatício. Porém, a pessoa não se torna um descarte, pois pode, ainda, se tiver saúde, obter outro emprego, ser consultor ou desenvolver seu próprio negócio, tornando-se patrão em vez de empregado. Entretanto, se achar conveniente, pode investir em apenas lazer ou ajudar em obras beneficentes.

Também é a fase de distribuir, principalmente com os filhos, aquilo que acumulou e é excedente – a herança. Muitas pessoas poderão ainda viver mais 25 anos. Os sonhos em demasia da fase jovem ficaram escassos na fase idosa, e buscar um objetivo na vida, nessa fase, é essencial para muitas pessoas, evitando pensamento como "levantar de manhã da cama para quê, já que nada tem a fazer". Segundo especialistas, a partir dos 70 anos, ocorre grande incidência da depressão, sequestrando a vontade de viver e a alegria, e o suicídio pode ocorrer.

Voltar para a família e manter-se ocupado pode livrar o idoso do período deprimido.

O novo que chegou ao polo oposto, o velho – pode recapitular a trilha percorrida.

A primeira metade da vida, até os 21 anos ou aos 45 anos, de certa forma é previsível para a maioria das pessoas, pois diz respeito à construção de sua estrutura de vida. Os esquemas já estão montados e as orientações e ajudas surgem de diversas formas: os pais, a escola, a universidade, a organização profissional (empresas, firmas), os amigos, os parentes. O interesse do empregador pela melhoria do trabalho do empregado o orienta sobre a sua estruturação. Os acidentes na saúde são raros ou inexistentes.

Na segunda metade, ou na descida, as regras e ajudas de pessoas ou organizações inexistem. É um caminho obscuro que precisa ser inventado por cada um ao seu jeito, consultando o coração, o pensamento, fazendo avaliações das energias que restam, encontrando no momento presente o que a vida oferece, para viver intensamente como se fosse o último. Cada vez mais o passado aumenta e o futuro estreita. Mas os fatos que foram gravados com forte emoção retornam a nossa mente com a mesma tensão do passado longínquo, pois, para a mente, o tempo não existe. Os amores gravados na mente estão com a mesma energia. Muitos enamorados jovens continuarão assim até o final da existência. Nesse sentido, a trilha percorrida é o tesouro maior juntamente com os amores deixados à sua margem. São as compensações de agora, do velho que nasceu do novo.

Mas não se pode viver só de recordações, isto é, viver de passado. É preciso criar novos objetivos para a vida, aproveitando as experiências vividas, sem traumas, sem angústia, sem sofrimentos.

No intervalo dessa polaridade novo e velho, existe um ponto de ancoramento para cada um de nós. Sob a análise do Ser, Persona, o caminhar fica na direção de um único polo – velho. Mas as ideias, planos e desejos fazem o novo renascer de qualquer um de nós, mesmo do velho.

O velho, também, não é um ponto extremo, já que a idade do mais idoso avança. No Japão, já são inúmeros as pessoas com mais de 100 anos, como também no Brasil. Com a evolução da medicina no desenvolvimento de órgãos no laboratório para transplantes, a idade dos mais velhos pode crescer.

Vimos até aqui como somos diferentes, durante o percurso da vida, do novo ao velho, com comportamentos, percepções e visões diferentes. Segundo estudiosos, o sucesso de cada um na vida passa por essas visões diferentes, inerentes às fases e ciclos em que cada um se encontra. Aos 60 anos, o sucesso é ainda poder fazer sexo e sentir que os atalhos em cada atividade da vida permitem chegar primeiro em relação aos jovens, mesmo não tendo as energias de que eles esbanjam. Aos 90 anos, o sucesso é ainda poder andar, rever como num filme todo o dinamismo da vida nas suas diversas fases e ciclos, não usar fraldão e até mesmo ainda estar vivo e ver o transcorrer do novo ao velho intermediado pelo adulto.

Observe que tanto no início da vida (bebê) como no final (idoso com idade avançada) o sucesso se sintoniza com o Ser na busca da concretização ou manutenção da vida. É o Ser no sentido de garantir fisiológica e anatomicamente a vida. É a realidade priorizada e corretamente atestada pela via sensorial e analisada pela racionalidade. Com a completude do desenvolvimento do corpo, após os 21-22 anos, o sucesso passa pelo ter e o poder interpretados como ganhar dinheiro e prestígio. No entanto, no final, quando o ser que existe e é real começa a deixar dúvidas, para os receptores sensoriais e para a análise racional começa-se a suspeitar de que o que existe (material) pode não existir mais a qualquer momento. Então, novamente o sucesso é manter a estrutura fisiológica e anatômica corporal, e o ter e o poder perdem suas relevâncias.

Como o sucesso de cada um na vida tem interpretações diferentes, vamos ao longo da caminhada pela vida estabelecendo metas a alcançar. Contudo, não se tornar escravo dela é bom para a vida na sua amplitude. Pessoas traçam metas na vida, o que é louvável e recomendado, mas fazer da meta, quando lá chegar, o único momento de felicidade, é perder a vida. A meta é apenas um ponto de chegada. Os meios e processos para alcançá-la podem constituir tempo muito grande na vida, o qual precisa ser aproveitado com alegria e satisfação, pois nunca retornará na sua vida. Também tem a possibilidade de a meta não ser alcançada e aí a perda ser total levando junto a esperança. Parece que muitas pessoas esperam alcançar a meta para começar a viver. No entanto, elas são felizes ao longo da caminhada pela vida e não sabem reconhecer que são. Isso porque amoldam toda a vida na corrida para alcançar a meta, sem prestigiar e valorizar a trilha para lá chegar. A meta é apenas um momento e a vida é feita de milhares e milhões de momentos e instantes que precisam ser valorizados e reconhecidos como a maior parte e, portanto, precisam ser vividos com intensa alegria, entusiasmo, tranquilidade e sem angústia, sabendo que a trilha para alcançar a meta está pronta e o futuro está, então, estabelecido. A luz já emitida pela meta traçada projeta e clareia a trilha por onde vai passar cada um de nós pelos milhões de momentos e instantes.

No transcurso entre o novo e o velho, se os momentos e instantes foram vividos intensamente, deixarão pegadas ao longo da trilha, que são os ingredientes da vida bem vivida, prazerosa e gostosa de viver. Pensar só na meta é esquecer o caminho por onde passou; é perder a parte mais radiante e bela da vida, que é o viver.

Viva a vida na sua amplitude do novo ao velho, e busque alcançar todos os sucessos que almeja em cada uma de suas fases, mas acalente-se se alguns deles não forem alcançados.

Em qualquer situação que estiver na vida, desde os momentos turbulentos até aqueles serenos e alegres temos muito que agradecer. É preciso aprender agradecer. Agradecer é reconhecer o valor do caminho percorrido do novo ao velho que é a essência da vida. Vivemos entre dois mistérios o nascer e o morrer, que é a certeza resumida na polaridade, o novo e o velho, objeto de nossa discussão. Agradecer a chance de ter os pais que tem. Agradecer os filhos que tem. Agradecer por estar crescendo saudável. Agradecer por poder ver a beleza das flores, da natureza. Enfim, agradeça tudo e sentirá novo patamar no nível de auto-estima e no prazer de viver, fazendo sua vida diferente de muitas outras que não reconhecem o valor de tudo que desfrutou e vivenciou nas trilhas da vida. E que não sentiu o valor da vida no tráfego entre o novo e o velho.

Devemos e podemos prevenir doenças alterando hábitos, costumes, maneiras de encarar os problemas da vida, adequar a alimentação dentro da idade que temos etc. Mas temos que ter conhecimento que o envelhecimento é natural no percurso entre o novo e o velho em qualquer vida, na vida humana em especial, e em qualquer corpo que tenha massa. Precisamos, sim, alinhar nosso pensamento nessa realidade e não fazer do envelhecimento um castigo, um obstáculo, deixando-o demolir os dois pilares mestres da vida humana que são a alegria e a vontade de viver. Não deixe ser vencido por ele, pois o que precisamos é viver uma vida leve e irresponsável com o envelhecimento, mas comprometido com os prazeres e desejos até o fim.

Apesar de o final ser igual para todos, durante as caminhadas pela vida buscar alegria, satisfação, relacionamentos saudáveis e éticos, na execução dos meios e processos, para alcançar os sucessos que cada um almeja em cada fase da vida, é a condecoração maior para quem conseguiu chegar lá (velhice), ainda com saúde e mantendo a alegria e felicidade. Esse prêmio, que é viver todas as fases com alegria e felicidade, decorre do conhecimento que aprendemos vivendo. Mas temos obrigação de buscar sempre a felicidade durante toda a vida.

O tempo estabelece com alguma definição o local de seu ancoramento no intervalo dessa polaridade novo e velho. Mas os limites mais claros para essa posição de ancoramento devem ser descobertos por cada um, consultando o seu interior e o que se disponibiliza ao seu redor, atendendo sempre aos pressupostos básicos da vida, quais sejam, alegria e vontade de viver. O limite encontrado deve trazer-lhe satisfação e agradecimento pelo percurso já concluído no exercício da vida de agora.

CAPÍTULO X
A VERDADE E A MENTIRA

Busca-se a verdade para encontrar o leito da realidade, pois sem ela a vida não decola.

A polaridade verdade e mentira passa pela percepção de cada um sobre a realidade em que se vive, da sociedade e de tudo ao derredor. A verdade exclui o seu oposto (a mentira), mas a mentira sempre a persegue. É a sua sombra. Estamos sempre receosos da mentira. Quem detém a verdade precisa estar cuidadoso com o estelionato da mentira. A verdade apoia a vida e a mentira renega-a. A unidade nessa polaridade é a vida, sendo apoiada pela verdade ou renegada pela mentira. Como disse Platão há mais de um milênio: "a verdade é um relato de coisas e fatos do jeito que são, a mentira é um discurso de como não são".

Precisamos da verdade para ter atitudes e começar uma ação de forma proveitosa e progressiva. A verdade sobre a saúde do corpo, por exemplo, cria motivação para seguir em frente, enfrentando qualquer obstáculo da vida, ou criar processos diferentes para viver. A verdade é a essência da vida, traz coerência, sincronia, impulsiona para frente. A mentira, por outro lado, desagrega, calunia, desmotiva, impede progresso pessoal, da sociedade, dos negócios, do país.

Na descrição da realidade, para se chegar à verdade nem sempre se usam fundamentos corretos – por vezes, estes até mesmo são desconhecidos pela pessoa. Ou queremos mesmo distorcer os fatos conduzindo a mentira. A falta de conhecimento, seja ele comum ou científico, conduz, também, à mentira. Muitas vezes as verdades se baseiam em evidências incompletas ou imprecisas e servem a motivações bem egoístas. Quantas informações não verdadeiras são veiculadas na vida cotidiana de cada pessoa. As verdades a que nos apegamos moldam a qualidade da sociedade e o nosso caráter individual. Precisamos estar vigilantes com as inúmeras "mentirinhas" do dia a dia. Elas, muitas vezes, não são criminosas e nem danosas para os outros, mas danificam o nosso caráter.

Afinal, como saber se o fato ou coisa é verdadeiro ou não? As diversas definições de verdade, em várias línguas, levam para caminhos da veracidade, da memória e dos detalhes para se chegar à verdade.

Assim, os meios seriam a utilização da razão (raciocínio), não ocultar, ter confiança, aceitação geral, entre outros, para se chegar à verdade. E os estudiosos definem a verdade como eles pensam. A verdade é necessária para a vida e deve ser universalmente do jeito que é. Além de sofrer a influência dos sentidos, da razão, do contexto e dos conhecimentos presentes na mente.

Enquanto todos nós, pessoas comuns, procuram provar a verdade em tudo para possibilitar uma vida consciente e justa, no meio jurídico a verdade já existe e está contida nas leis feitas pelos legisladores. E então procuram sempre provar a mentira. Assim ocorre em todos os trabalhos nos tribunais, destacando-se a corrupção que graça em todos os países, principalmente, no Brasil. E o corrupto, veementemente, afirma de que está dizendo a verdade até que, pelos instrumentos e meios do Ministério Público, prova-se que era mentira. Na sociedade, a verdade está nas normas ditadas pela moral e ética, algumas até escritas e formuladas pelos clubes recreativos, mas que aprendemos desde criança na família, escola e faculdades.

A busca pela verdade na ciência e na geração do conhecimento, emprega o método científico aprendido desde cedo, pelo pesquisador, nas universidades e centros de pesquisa. Nas atividades de pesquisa em ciências da vida, a busca pela verdade é comparativa entre o que se quer modificar (tratamentos) com o que já ocorre comumente (testemunha). Ainda precisa de repetições dos tratamentos para se calcular o erro aleatório (ao acaso), além de repetir todo o ensaio para obter maior consistência na verdade refletida pelos resultados da pesquisa. Assim, o conhecimento científico proporciona enormes avanços na qualidade de nossas vidas, proporcionando confiança na verdade encontrada pelo cientista, trazendo, ainda, segurança e apoio psicológico, pois, no mundo atual, precisamos da verdade gerada cientificamente para uma vida mais feliz e prazerosa. Mas mesmo assim a verdade científica pode não ser absoluta. Pesquisas antigas constataram o perigo da ingestão do alimento ovo no aumento do colesterol ruim (LDL) dos homens. E, hoje, sabe-se que tal risco não existe e o ovo passou de vilão, a mocinho.

Na religião, podemos encontrar a verdade absoluta. Nos textos bíblicos do cristianismo, um homem especial que habitou entre nós, denominado Jesus Cristo, foi condenado à morte por um crime que não cometeu. Os anciãos dos judeus haviam acusado Jesus de traição e rebelião contra Roma e insistiam que Ele fosse condenado à morte. Pilatos o julgou sem dar direito ao acusado de se defender, premiando a mentira.

A verdade, como percepção da realidade no senso comum, torna-se relativa e provisória. Como a vida humana é muito dinâmica, mudam-se comportamentos, estilos de vida, entre outros, e a verdade também muda com o tempo. No passado, achava-se que a Terra era o centro do sistema solar e que o sol girava em torno dela. Há algum tempo essa verdade mudou. Hoje se sabe que a Terra, bem como outros planetas do sistema solar, giram em torno do sol. Falou-se, no passado, que o universo era finito. Hoje sabemos que ele se expande – é infinito.

A verdade, então, possui muitos significados dependendo da pessoa que a define. Somos forçados a acreditar na mídia, na política, nas histórias contadas e deturpadas, nas doutrinas, incluindo as religiosas. As descobertas das mentiras em tudo passam pela formação de uma consciência crítica em cada pessoa.

Nesse intervalo entre verdade e a mentira, cada um de nós está ancorado. É o limite de cada um. Esse ponto de ancoramento estará definido pela perseverança de cada um repudiar a mentira, afastando-se desse polo e sendo a força motivadora na busca do polo oposto – verdade. No entanto, no meio de tantas mentiras no mundo atual, precisamos de um ponto de equilíbrio entre esses dois polos para nos alocarmos, evitando frustrações com fatos e coisas. Ainda precisamos descobrir nossos limites nesse intervalo refletidos na tolerância à mentira para termos vida prazerosa e feliz.

Existem mentiras que passam por verdades em virtude da impossibilidade de prová-las. Assim, a verdade passa a ter muito a noção de um consenso geral, em que se aceita como verdade – momentaneamente. Acreditar em algo como verdadeiro é um bom apoio para a vida, mas pode frustrar. Nesse sentido, pode-se pensar que a verdade não existe. No entanto, ela existe, pois o que é não pode deixar de ser, o fato que ocorre, ocorreu do jeito que foi precisamente descrito. A mentira é a deturpação de qualquer realidade. Porém, as percepções e os sentimentos fazem o real parecerem diferentes para cada um. Somos viajores na busca da verdade. Mas existem duas verdades, de onde viemos e para onde iremos, que sempre buscamos desvendá-las com algum sucesso. Agora, nessa abordagem, precisamos do acreditar e de uma razão fora da lógica ancorada numa realidade invisível. Vamos tentar discuti-las resumidamente.

Para explicar de onde viemos, temos bom suporte na teoria da evolução das espécies de Charles Darwin e os trabalhos feitos nos fósseis encontrados pelos arqueólogos. A nossa ancestralidade é muito longa e remota, desde o período do surgimento dos répteis, passando pelos macacos há 5.000.000 de anos até chegar ao Homo sapiens, nossa espécie atual, que nasceu há 400.000 anos, dentro da nossa árvore genealógica (ver Robert Winston – Instinto humano).

Durante toda a fase como hominídeos, macacos humanos, e, mesmo durante a maior parte do tempo como Homo sapiens, eles foram coletores de frutas, sementes e ervas na natureza para a alimentação e viviam nas cavernas, pois ainda não sabiam construir casas. Dos 400 mil anos, que é a idade prevista para nossa espécie atual, Homo sapiens, passamos aproximadamente 385.000 anos como nômades na natureza sem residência e nem capacidade de produzir o próprio alimento. Nos últimos 10.000 a 15.000 anos o homem se agrupou. Presume-se que nesse período ocorreu a inteligência para construir casas e domesticar plantas e animais.

Segundo a ciência, a primeira planta domesticada pelo homem foi o trigo. E os primeiros agrupamentos humanos datam de 10.000 a 15.000 anos como a Jericó antiga. Parece que essas mudanças nos hábitos de vida da espécie Homo sapiens surgiram com muita rapidez. Assim, fica mais coerente com a razão acreditar que a mutação foi o meio pelo qual as espécies foram alterando ao longo da caminhada pela ancestralidade. No entanto, o nascimento da inteligência, na nossa espécie Homo sapiens, foi rápido pelas provas dela que foram construir residência e domesticar plantas e animais. Como isso só ocorreu nos últimos 10.000 a 15.000, torna-se difícil conceber que tenha ocorrido por mutações. Além disso, o cérebro humano tem ligações neurais e complexas entre as suas diversas regiões, o que exigiria muitas mutações e alterações num período muito curto. Logo, fica no ar a pergunta: qual é a verdade do que ocorreu na nossa espécie nos últimos 10.000 a 15.000 anos?

Excluída a mutação como explicação para os processos evolutivos nesse período, só resta conceber que tenha ocorrido a interferência divina. Assim alguma entidade transcendental precisou interferir, humanizando o homem, Homo sapiens hominídeo, dotando-o de fala, raciocínio, inteligência, sensibilidade e memória e, torná-lo um projeto ainda maior, com instinto (produto da evolução) e conhecimento (agora possível pelos atributos recebidos).

Também dentro das explicações do nascimento da inteligência no Homo sapiens, talvez 10.000 ou 15.000 anos, por meio da interferência celestial, várias outras perguntas vão surgir. Por exemplo, por que só dotar o Homo sapiens hominídeo, ainda macaco, com inteligência, raciocínio, fala etc.? Por que o Homo erectus espécie precursora de Homo sapiens, não se tornou macaco inteligente por volta de 1,9 milhão de anos?

Talvez o período como Homo erectus, somado aos aproximadamente 385.000 anos como Homo sapiens selvagem, foi requerido pelo Criador para construir sua estrutura física capaz de vencer os rigores impostos pela sobrevivência na natureza, formando os alicerces para uma vida futura inteligente e falante. Parece, então, que um projeto novo foi criado e experimentado pela entidade celestial, em que apenas uma espécie, dentre milhares na Terra, foi usada nesse ensaio, a qual passaria a ter fácil comunicação (falar), poder dirigir e administrar sua própria vida (livre-arbítrio), sentir e expressar esse sentimento durante cada fato, ação, decisão, doença etc., estocar fatos ocorridos no passado (mente); delinear fatos no futuro, expectativa e esperança; aprender com suas experiências e com as dos outros, na sua casa, escola, faculdade e universidades (evoluir); sentir prazer além daqueles fornecidos pelos instintos, como o de assistir a um filme, a uma novela; ajudar a alguém; emocionar-se, amar; e ter satisfação de viver (alegria, felicidade) e poder saber que vai morrer sem causar desespero ou perder a alegria.

A outra verdade pela qual esperamos explicações é saber para onde vamos. Raciocinamos, sentimos e vivemos com um corpo. Sabemos que ele se deteriora e falece. E, então, tudo acabou? A criação do homem foi uma longa jornada pela evolução. E o Criador iria acabar com esse projeto – homem – com a morte do corpo? Algo permanecerá após a morte em forma de energia eletromagnética denominado espírito. Esta é a verdade na qual precisamos acreditar para nos dar tranquilidade, pois somos o único animal que sabe que o corpo vai morrer, mas fica o alento de que o espírito permanece vivo de outra forma – não materializada.

Continuamos as buscas pela verdade!

Precisamos fugir do senso comum e criar opiniões próprias, sendo sempre um criador de verdades, e procurando nos satisfazer com elas. Mas ainda vamos duvidar se tudo isso é verdade!

Tentar buscar a verdade cria o caminho na sua direção. E esse caminho é a luz que pode iluminar novas tentativas, como nas atividades científicas, fazendo do homem um eterno viajor na busca pela verdade. Encontre o seu limite mais próximo da verdade!

Se for aprisionado por muitas mentiras, procure descobrir os motivos que o levou para esse polo. Assim, pode mudar de direção e saborear outras verdades na vida. A verdade fundamenta-se na realidade que é o motor da vida de agora.

CAPÍTULO XI
O INTERIOR E O EXTERIOR

O exterior é o espelho que reflete a imagem do interior humano; basta olhar esta imagem para entender a si próprio.

Em uma rápida análise, essa polaridade tem muito a ver com o espaço dividido. Na divisão de algo, os pedaços resultantes fazem parte do todo – é a totalidade, unidade – com a mesma constituição, o que cria uma relação entre eles, além de uma afinidade, pois têm o mesmo conteúdo.

O processo separatório definiu para as partes envolvidas funções diferentes. O exterior tem muito a função de expor, criar uma imagem aos olhos dos observadores. Contudo, precisa refletir o que o interior quer mostrar definindo, então, a afinidade entre ambos. Além disso, o exterior sofre a influência de tudo ao seu redor. Por outro lado, o interior tem muito a função de acolher e deixar desenvolver um processo que resulta na manutenção ou justificativa de ambos. Tudo isso vai acontecer quando se tentar explicar essa polaridade em qualquer material ou aspecto e nos segmentos da vida. Vamos nessa discussão usar a casa e o corpo humano na explicação dessa polaridade (interior e exterior).

Na casa, o exterior, isto é, a fachada, expõe de forma bonita a natureza do imóvel. No entanto, precisa expressar o que tem no seu interior, principalmente em um empreendimento comercial. Numa casa residencial a fachada já mostra as características da arquitetura interior, quando for delineada por um bom arquiteto. Se a fachada é de estilo colonial, o interior deve também acompanhá-la. Além disso, a fachada está sempre sofrendo o impacto de tudo ao derredor, exigindo reparos. O interior, com sua função de acolher, vai receber o morador que exige sempre ótima acolhida. E nele vai desenvolver um processo que é o desenrolar da vida cotidiana do morador, com entrada e saída para o exercício de suas funções internas. Toda a função desenvolvida no interior causa também desgastes exigindo reparos.

No corpo de cada um de nós, o exterior é a pele que constitui o maior órgão do corpo humano. A pele, além de expor a imagem do corpo, reflete o interior, mostrando algo de errado que nele está ocorrendo.

Coceira exagerada na pele é reflexo, muitas vezes, da angústia e aflição que está acontecendo no interior do corpo. A pele sofre a influência de tudo ao derredor, principalmente o tempo, o sol, entre outros.

O interior dos humanos, na sua função acolhedora, aceita tudo a ponto de se intoxicar e ainda dizer que gosta muito, chegando ao limite de impedir muitas funções importantes e essenciais. É o comer exageradamente e sem qualidade. Esse acolhimento sem recusa do interior causa desgastes (disfunções ou doenças). Além disso, tenta aproveitar o máximo do que nele é introduzido, chegando ao ponto de acumulá-lo debaixo da pele sob a forma de gordura (o sobrepeso).

O exterior e o interior fazem parte de um todo – é a totalidade, unidade. É a vida de cada um. A totalidade (unidade) nos ensina que o interior e o exterior humanos precisam ser adequadamente operacionalizados para que a unidade – vida – se processe plenamente. Assim, interagir com tudo ao derredor e jogar para o interior pelas duas portas principais, a boca e os pensamentos, é a exigência para o processo que está em andamento no interior – vida. O ser, nesse interior, cria personalidade e vai dirigir essa interação com o exterior por intermédio do ego (ver D. Marcum e S. Smith – O fator ego) que, em comunicação direta com os instintos desenvolve regras (comportamentos) para execução desse processo interativo. O ego excessivo ou equilibrado é resultado desse processo característico de cada ser. O ser, nesse interior, tem o raciocínio e com ele gera conhecimento e observação para decidir sobre o que admitir no trajeto para o interior. Decidir corretamente ou não sobre o que introduzir no interior pela boca e pensamentos é característica de cada ser. São as nossas escolhas. Somos livres nas nossas escolhas, mas escravos das suas consequências.

O ser personalizado interiormente precisa conhecer a si próprio e o seu exterior. No conhecimento do exterior do corpo humano e de tudo ao derredor, usamos de cinco estratégias: olfato, visão, audição, tato e paladar, além da percepção e intuição. Mesmo com tantas e boas estratégias, realizamos escolhas erradas que, no interior de cada um, causam transtornos sérios, podendo chegar a doenças. Por exemplo, a escolha dos alimentos e quais os pensamentos devemos deixar entrar no nosso cérebro.

O conhecimento do interior, tanto de si mesmo quanto dos outros, é tarefa difícil, com poucas estratégias disponíveis, a não ser pelo sentimento. Apesar de o sentimento ser de difícil leitura pelo seu próprio portador, não podemos desistir de conhecer o nosso interior em função de sua importância para o exercício da vida (unidade). Descubra o seu interior e descobrirá a vida.

As barreiras que impedirão suas corretas escolhas ao derredor (exterior) e as falhas na seleção do que introduzir no interior pela boca e pelo pensamento, definirão seus limites na operacionalização de sua vida, os quais podem ser alterados desde que os caracterizem bem e reconheça, no processo de reflexão, suas importâncias. Embora o interior do corpo seja de difícil entendimento por si mesmo, o exterior cria suas armadilhas para dificultar seu entendimento, principalmente das pessoas nele envolvidas.

Cuidado com os amores passados, eles deixam cicatrizes atormentando seu firmamento, rebaixando a autoestima, tirando o seu sono e dificultando alcançar a paz.

Cuidado com as vozes que falam de seus erros. Os erros existem sim, mas quanto magoa ouvi-los com insistência.

Cuidado com as calúnias, elas retiram de si a sua verdade que todos perseguimos e queremos acolhê-la ao longo da vida.

Cuidado com o fingimento, ele mostra uma falsa verdade que pode lhe convencer como verdadeira.

Cuidado com a ironia, ela contraria o significado das palavras.

Cuidado com o sarcasmo, ele intenciona por risos, gestos, palavras ou frases, provocar maliciosamente e desprezá-lo.

Cuidado com o egoísmo, ele retira a noção de partilha e impede o exercício do amor.

Cuidado com a vaidade, ela impede a análise correta de seu comportamento em relação aos outros.

Cuidado com o ego, ele pode ser desequilibrado e dificultar seus relacionamentos, até os íntimos.

Cuidado com a ganância, ela o convence como a única merecedora do espaço, tempo e dinheiro no exercício da vida.

Cuidado com a inveja, ela leva pessoas a querer apoderar-se de outras, e de seus meios e processos para viver, criando entraves nos passos seguintes da vida.

Cuidado com a violência, ela suplanta e desrespeita o direito de cada um garantido por lei ou pela sociedade.

Cuidado com os abusos, eles desrespeitam os limites e equilíbrio, intoxicando o exercício da vida plena.

Cuidado com a mágoa, ela prejudica o coração que clama pelo perdão para se livrar desse tormento.

Cuidado com o ódio, ele envenena o amor que existe em tudo, principalmente nos relacionamentos humanos.

Nunca desista de conhecer o seu interior e as barreiras que impedem melhorias nos fatores encontrados.

CAPÍTULO XII
O CONSCIENTE E O INCONSCIENTE

As atitudes conscientes são os olhos do interior humano, mas o inconsciente tem a força para operacionalizar a vida mesmo dormindo.

A polaridade consciente e inconsciente segmenta uma unidade, a mente, que espacialmente não está dividida. O elo comum de aproximação do consciente e do inconsciente e que caracteriza a unidade mente, é o poder de gravar tudo que passa pela nossa existência. Tudo que passou já é arquivo de memória da mente (unidade). A polaridade entre ambas (consciente e inconsciente) está nas suas diferenças. O consciente raciocina, questionando os fatos e as imagens nela gravados, percebendo o mundo objetivamente com observações pelos cinco órgãos dos sentidos (visão, tato, olfato, paladar e audição), orientando e dirigindo nossos contatos com o ambiente e aprendendo com observação, experimentação e educação. Ela entra e sai rapidamente de diversos arquivos mentais (os córtices cerebrais).

Perante alguma situação ou fato, a consciência visita as ideias do pensamento, as emoções do sentimento, os arquivos da experiência (passado), analisa tudo e emite um conceito. Para a consciência não basta apenas gravar, mas, sim, conhecer em detalhes o evento ou processo. Após o processamento, transfere o arquivo para o polo inconsciente que é o executor. Quanto mais conceitos são emitidos com base nas análises, mais se aproxima deste polo – consciência – e define o limite para o ancoramento de cada um que pode ser temporário. Por outro lado, o polo inconsciente não questiona sobre os fatos e as imagens de seus arquivos, aceita novas gravações e acredita nelas como verdadeiras. Relaciona-se com o meio externo por intuição, mas não pelos cinco órgãos dos sentidos. É a rede das emoções e o repositório de memória. É poderosa e executora de mais de 90% da vida mental do homem, afirma o Dr. Joseph Murphy (2012).Nela estão os arquivos do passado, dos instintos e das rotinas que criamos a todo o momento. Assim, seu maior mérito é executar o que já está em seus arquivos.

A mente inconsciente conhece a solução para todos os problemas de disfunção no nosso corpo, pois tem arquivos das funções normais e saudáveis de nossos órgãos. Acessar a mente inconsciente e dar a ela ordem de restauração de disfunções em órgãos do corpo é possível, sobretudo quando a proteção pela consciência está enfraquecida, desde que a disfunção seja causada por estresse. Para tanto, precisa-se de estratégias e treinamento. O que se acredita de si mesmo e dos outros se torna verdade, e se alojam na consciência. Agora ela será usada pelo cérebro para acionar mecanismos fisiológicos internos que gerarão efeitos bons ou maus, dependendo do que se acreditou e da verdade que se construiu. Afirmações positivas de saúde criam a verdade e ela se aloja na consciência, levando o cérebro a administrar todos os mecanismos fisiológicos internos que estão sob seu comando e iniciar a execução daquilo que você o ordenou. Por exemplo, quando afirmo positivamente "sou forte, minha garganta é saudável". Essa afirmação positiva se torna verdade na consciência e o cérebro dela se apodera. Como ele tem o arquivo do corpo e da garganta saudáveis, ordena a sua reconstrução, dentro do modelo saudável que já existe e a sua disfunção causada pelo estresse desaparece. É o que se chama de força psíquica, operando ao seu favor – e não contra, quando se afirma, negativamente: "Sou fraco, minha garganta está doente!"

No entanto, a afirmação positiva, para dar bons resultados na saúde, precisa ter muita emoção na hora desse pensamento. Fale como se estivesse dando ordens e com extrema autoridade, como se estivesse zangado consigo mesmo e repetindo por, no mínimo, 20 vezes, e obterá os bons resultados para a saúde que almeja aliviando os efeitos danosos do estresse (disfunção).

Definir um limite de consciência é aproximar-se mais do entendimento de qualquer fato ou processo, afastando-se mais do polo inconsciente que se abstém de questionamento e das análises para criar conceitos. Porém, sem desprezá-los, pois, como executor da ordem processada e aprimorada pela consciência, precisa de todos eles (consciente e inconsciente).O polo em que seu limite mais se aproxima definirá a qualidade de suas atitudes ao nível da consciência, o que merece reflexão de cada um.

Os dois polos consciente e inconsciente não são partes destacadas; pelo contrário, têm relações entre si. A mente consciente é protetora da inconsciente e transfere para ela todos os arquivos gravados.

Como a virtude maior da unidade mente, tanto nos polos da consciência quanto do inconsciente, é gravar tudo que passa pela nossa vida, conhecer a estrutura para essa gravação facilita o posicionamento de seu ancoramento (limite) no espaço consciente-inconsciente. O órgão gravador são os dentrículos das células neurais e a energia de gravação é a emoção. Quanto maior emoção tiver o fato, mais fortemente ficará gravado, seja ele agradável ou desagradável. Assim, ficaremos alegres ou tristes, dependendo da natureza do fato emotivo, alimentando a doença ou a saúde (alegria).

O polo consciente cria escala de valores na crítica aos comportamentos de pessoas e de si próprio, dentro do arquivo do polo inconsciente, nascendo atritos internos dentro de cada um. Evolui, às vezes, o sentimento de culpa por certas atitudes tomadas, tornando fértil o terreno para o exercício da profissão dos psicólogos. O polo da consciência policia o cumprimento das normas de conduta baseado nos princípios da ética, moral e dos bons relacionamentos entre pessoas.

CAPÍTULO XIII
IRRACIONAL E RACIONAL

> *O raciocínio eleva os humanos ao status mais alto no reino animal, mas não o credencia para a destruição do planeta, de si próprio e de seu semelhante.*

Nessa polaridade, é fácil encontrar a unidade que é o raciocínio, o pensar, características de quem faz uso da razão. O racional tem o raciocínio que é resultante de ligações ricas e complexas entre as diversas áreas do cérebro usando, ainda, os arquivos do passado (experiências), dos instintos e das rotinas criadas a todo momento, mantidos no inconsciente. No outro polo, o irracional, ocorrem ligações simples entre as áreas do cérebro. E emprega apenas os instintos nas ações, constituindo o modo de vida dos animais em geral, exceto os humanos. Assim, os animais têm uma só direção, a irracionalidade, movidos basicamente pelos instintos. Nos humanos dizemos comumente que as ações são guiadas pela polaridade que é definida pela falta (irracional) e pela presença do raciocínio (racional). O que ocorre com as pessoas é abster-se desse grande prodígio que ocorreu apenas na nossa espécie que é o raciocínio, sendo então as nossas ações guiadas, momentaneamente, pelos instintos somados aos arquivos do inconsciente, aproximando-se da irracionalidade dos outros animais.

O natural no ser humano seria usar sempre o raciocínio e a experiência (arquivos do passado) em cada ação a implementar, fazendo comparações e reflexões, o que gasta tempo e energia vital. Como são milhares as ações no transcurso da vida, abstemos do uso do raciocínio, limitando-o a 10% das muitas atitudes tomadas (conforme Joseph Murphy no seu livro O poder do subconsciente) – talvez, no afã de poupar tempo, aproximando-se do polo irracional. Existem forças, ora fazendo-nos mover para o polo racional, ora para o oposto. Na direção do polo racional (pensar) estão as forças que geram atitudes para o aprimoramento pessoal (educação), negócios, administrações e gerenciamento. Na direção do irracional, está a maioria das decisões da vida cotidiana (90% delas) que decidimos não valorizar e que demanda tanto tempo, daí evitar o processo do raciocínio.

As forças movedoras das decisões irracionais envolvem fatores endógenos e intrínsecos de cada ser humano, além dos condicionantes exógenos. Entre os fatores intrínsecos e endógenos destacam-se os instintos desenvolvidos, não só nos últimos 5.000.000 de anos de nossa evolução como espécie (ver R. Winston – Instinto humano), mas também desde a nossa ancestralidade mais remota incluindo o período dos répteis na nossa árvore genealógica. Como o raciocínio só foi possível nos últimos 10.000 a 15.000 anos da existência de nossa espécie, os instintos são, então, mais fortes que o pensar. Dessa forma, os instintos bloqueiam os circuitos que levam ao raciocínio. Outra fonte que nos move para o polo irracional é a emoção. A emoção também bloqueia os circuitos que levam ao raciocínio. Nos momentos de emoção, os instintos são também convidados para auxiliar nas escolhas, dizendo não ao racional. Outra força movedora para o polo irracional está no arquivo inconsciente, convidando-nos a seguir sempre rotinas que desvalorizam o raciocínio. Estamos sempre tentando estabelecer rotinas, o que, na realidade, torna a vida exequível, mais fácil, com rápidas ações e sob o comando do próprio ser, sem gasto excessivo de tempo e energia vital como requerido pelo raciocínio. Embora criticada por muitos, precisamos da rotina para a maior parte das ações do cotidiano.

Existem fatores condicionantes ou exógenos que impelem as decisões para o polo irracional, os quais são de diversas naturezas: 1) as forças do ter e do poder, principalmente, no mundo capitalista que nos levam à ganância, à inveja, prazeres perigosos, violência, abusos de poder, roubos, corrupção, entre outros; 2) a pressa que a vida agitada atual nos leva a optar por ações irracionais (não pensantes), já que o pensar (consciência) trafega por muitas trilhas e análises no cérebro, demandando tempo para decidir. E o tempo é escasso na vida de muitos, atualmente. Aproveitando da pressa de cada um, situam-se as propagandas, que, por método repetitivo, convida a mente inconsciente (não pensante) a apoderar-se de nós mesmos e aceitar a mensagem como correta sem argumentar (pensar); 3) a sociedade, envolvendo até a cultura, que se deixa levar pela ganância financeira industrial e comercial, formando grande elenco de seguidores, criando-se o efeito "manada", de grupos, sem argumentar sobre o porquê dos procedimentos escolhidos. Faz-se alguma coisa, ou tem-se determinado comportamento, é porque todos procedem assim, criando uma cultura. Por exemplo, a cultura do comer muito, "a comilança", dirigida pelo poder da propaganda enganosa, que aportam em vários países levando enorme contingente da sociedade à obesidade; 4) o beber exageradamente, tornando a vida uma festa contínua; e 5) a miopia em não enxergar e não conviver com os diferentes, em geral criando discriminações sexuais, das mulheres, das raças, dos credos, dos comportamentos, da pobreza, entre outros.

A abstinência de o processo pensar chegou ao nível mais alto neste século, pois a maioria dos trabalhos é rotina, principalmente nas linhas de montagem e controle de qualidade na indústria. Restaram poucas pessoas no exercício do trabalho pensante. Até a diversão roubou a oportunidade de pensar com a popularização da televisão. Senta-se em frente à televisão e a mensagem está pronta, não precisa pensar. Sem a televisão, lá pelas décadas de 1950 e 1960, para o divertimento das famílias, as crianças faziam teatrinhos, exercitando a criatividade, que é um dos exercícios do pensar. Como os músculos precisam de exercícios, o cérebro precisa do pensar, raciocinar. Assim, aumenta o número de centros de treinamento do pensar, principalmente para os idosos, com desenhos apropriados para o raciocínio, palavras cruzadas, entre outros, além de estimular roteiros diferentes na ida para o trabalho. A falta do pensar na nossa sociedade atual talvez seja a causa principal das doenças degenerativas do cérebro. Assim, a abstinência do pensar, nas suas diversas causas, conduz a condutas inapropriadas na sociedade e, também, no uso do corpo.

No intervalo desta polaridade, cada um de nós está ancorado de acordo com o volume de atitudes racionais e irracionais tomadas, aproximando-se de um polo e afastando-se do outro. Esse ancoramento é resultante dos limites impostos pelas forças movedoras desse intervalo impostas a cada um de nós, mas que podem ser alteradas.

Refletir sobre o limite em que se está no espaço entre a irracionalidade e racionalidade nas atitudes tomadas define a área de atuação para chegar ao polo que julgar mais adequado para a vida.

CAPÍTULO XIV
O PASSADO E O FUTURO

Talvez o tempo não serve a vida e nem a vida serve o tempo. Seu mérito maior está na orquestração das tarefas que executamos e nas histórias que só ele guarda.

A totalidade ou unidade dos segmentos passado e futuro é o tempo. O tempo é o ritmo da vida. Como a vida pertence a cada um de nós agora, sentimos o tempo como carrasco de tudo que tem massa, incluindo a vida biológica e do nosso próprio corpo. Ele transforma e cria um dinamismo incontrolável em qualquer ser humano – não paramos o tempo. Mas ele traz coisas boas e belas surpresas. Tudo passará, transformando-se em outra forma, e o ser humano vai sendo alterado em sua forma (corpo), pensamento, comportamento, entre outras alterações. Assim vamos passando pelo tempo. O tempo é invisível, mas o sentimos e vemos seus efeitos. Na vida biológica, incluindo a humana, as transformações envolvendo crescimento, reprodução e envelhecimento seguem o percurso traçado pelo genoma de cada indivíduo – o operador do tempo biológico. Ninguém poderá parar o envelhecimento, apesar de muitas tentativas. O DNA do genoma passado à frente (à mulher) pelo processo de reprodução, além de garantir novos indivíduos para a população, tem o relógio biológico para atuar em cada fase da vida de cada ser, numa sincronia que dispensa decisões do portador. A criança não decide se vai crescer ou não. O adulto não decide se vai envelhecer ou não. Essa é a unidade tempo, agindo em tudo que tem massa, fazendo tudo ocorrer, repetitivamente, dentro de um mesmo padrão. Cada dia da semana levantamos, tomamos café, trabalhamos, almoçamos, trabalhamos, jantamos e dormimos, para o dia seguinte começar tudo de novo dentro do mesmo padrão.

Existem, então, dois tempos distintos: o biológico e o físico. O tempo biológico, ditado basicamente pelo DNA e pelos circuitos fisiológicos desenvolvidos a posteriori, é seguido pelos órgãos, tecidos e células, incluindo o cérebro com extrema obediência. Criam-se, então, uma sincronia e equilíbrio nas funções de cada um. Os genes vão se expressando no momento de que deles precisam para a execução de uma função (tarefa). Tudo isso acontecendo no interior de cada ser humano. A tarefa a executar define a extensão do tempo biológico, isto é, a tarefa define o tempo.

O tempo físico foi criado pelo racional do homem. Foi longa a busca do homem pelo tempo físico. Esse período remonta à época em que a maioria dos homens não tinha luz elétrica, nem máquinas, nem calendário, nem relógio e viviam isolados na floresta, em fazendas, sítios e moradas rústicas, a hora de dormir era quando escurecia. À tarde, já se preparavam para a noite, juntando lenha para fazer fogo e cozer os alimentos. Sabiam que a estação mudou pela falta ou excesso de chuva, o excesso de frio e de calor e assim decidia-se sobre os plantios. Nada de calendário! Os primeiros raios de sol indicavam que novo dia começara e, também, o trabalho no campo. O relógio de areia ou de ângulo de projeção da luz do sol foram iniciativas iniciais para medir a duração do dia. Com os avanços do conhecimento pelo homem sobre o movimento da terra em torno do sol e de si mesma, chegou-se a uma escala de dia, mês, ano, estações do ano e surgiu o calendário que hoje temos. Como estamos vivendo na superfície do Planeta Terra e dependemos do sol para viver, nada mais lógico do que esta escala para medida do tempo baseado na estrela (sol) e neste planeta (Terra). Se sairmos deste planeta terra ou mesmo da Via Láctea – nossa galáxia – que escala de tempo iria nos reger?

A este tempo, então, chamamos de tempo físico (do relógio e do calendário). Diferente do tempo biológico em que a tarefa define a duração do tempo, no tempo físico ele já é definido, a priori, no calendário. E nesse espaço temporal (calendário) inserimos as tarefas.

Cria-se, logo, um descompasso, pois a máquina biológica que empregamos para viver (o corpo, especialmente o cérebro) entende o tempo biologicamente como dissemos, com a tarefa sendo definidora do tempo, mas externamente é imposto a ela colocar a tarefa no intervalo de tempo predefinido. A estratégia biologicamente correta para a vida de cada um seria não definir o tempo para a tarefa a ser executada, mas, sim, descobrir, no final, o tempo que se gastou na sua execução. Em outras palavras, o enfoque no raciocínio biológico seria executar a tarefa sem se preocupar com o tempo. Se o dia (calendário) acabou, o restante da tarefa fica para o outro. E não espremer a execução dela em um só dia, como sempre se faz. Estamos sempre com tarefas sobrando para o dia que já se foi. Esse descompasso entre o ser biológico, que tem a tarefa como definidora do tempo, e a imposição da vida atual, em que a tarefa tem que caber no tempo, gera angústia e aflição no homem que é biológico, mas seu tempo não é respeitado. Assim surge o estresse, que é uma energia desconhecida, mas sentida, que se move do cérebro para os órgãos e seus efeitos são manifestados por sintomas que caracterizam a pessoa como doente. O estresse é o mal maior da vida humana atual, muitas vezes gerado por esse descompasso entre o uso do tempo biológico e do físico.

As polaridades passado e futuro constituem uma segmentação da unidade tempo e elas só ocorrem na percepção dos humanos. Nenhum outro animal sabe o que é passado nem mesmo como planejar futuro. Por exemplo, eles não estocam alimentos para comer no período de carência.

O futuro é o porvir da unidade tempo. Ele é construído pelo desejo e o sonho. O desejo é a realização antecipada de algo. É a energia necessária para a ação. Os sonhos são os planos antecipados, sem contornos, sem estrutura ainda, até desvencilhados da realidade. Eles criam os planos. Sem sonhos não há planejador, muito menos o executor ou estruturador da ideia, pois a ideia nasce do sonho. Tanto o desejo quanto o sonho são necessários para as atitudes. Eles são seus embriões. Então, todas as atitudes vieram dos planos, desejos e sonhos. Não devemos planejar sem agir e nem sonhar sem fazer.

O futuro é segmentado em nossa consciência. "Os futuros são futuros do presente" como disse Perissé no seu livro "A palavra é futuro". E o calendário vai alocar cada tarefa no seu futuro certo (amanhã, depois de amanhã, próximo mês etc.). Mas nós nos perdemos na quantificação do futuro; dedicando-nos mais às atividades do futuro breve e desprezamos aquelas do futuro distante, como a aposentadoria, que, de repente, chega nos atropelando e exigindo o planejamento do que não foi feito.

Engana-se quem imagina que o futuro inicia no presente. Ele já foi edificado no passado. Sem o que já se alcançou no passado, não se constrói o futuro que se imagina. O conhecimento, a experiência, as observações edificadas no passado são ingredientes essenciais para o exercício dos desejos e sonhos no futuro que se espera.

O futuro é como as ondas de um mar revolto com ventos fortes. À margem do oceano, vê-se lá longe a onda se formando, como um futuro distante, aos poucos ela se aproxima, é o futuro breve, e bem devagar ela chega à praia (presente) e se espedaça e se espalha na areia, como a vida executada no presente. Logo em seguida, a cena se repete e se repetirá milhares de vezes, como o futuro a todo o momento tornando-se presente. O futuro é o mentalizador, é o gerenciador dos momentos. O que deu errado no momento (execução) a culpa é do futuro mas, se deu certo, agradeça ao futuro. O futuro é cheio de incertezas, pois são planos e neles existem os obstáculos que são enfrentados pela esperança. A esperança é a luz que ilumina os obstáculos propiciando meios e processos para vencê-los.

O passado é o que já foi executado ou edificado na vida. Os desejos que o futuro construiu já foram saciados e os planos já foram executados. O passado é a identidade de cada um. Dos ingredientes construtores do futuro (desejo e planos), a saudade substitui o desejo, e a experiência, os planos. Agora a saudade trará de volta ao presente as cenas já vividas e a experiência avaliou, aprovando ou reprovando os planos edificados pelo futuro, realimentando o futuro com planos mais perfeitos e exequíveis e com desejos mais realísticos e palpáveis. É o fluir do passado para o futuro e do futuro para o passado.

O passado também é segmentado na nossa consciência, surgindo o passado recente e o remoto. O passado recente pode até contribuir mais do que o remoto para o delineamento dos desejos e planos do futuro.

O passado é como um mar sem ventos, sem ondas. Seria o mar da tranquilidade se não fosse as vivências que não deram certo e magoaram, ficando traumas gravados no inconsciente. Mas ele exige o futuro, como parceiro, para colocar em prática novas experiências decorrentes daquelas já experimentadas.

O futuro diminui e o passado aumenta quando mais se aproxima da fase idosa da vida. A idade, portanto, é o localizador do ancoramento de cada um no intervalo entre o passado e o futuro.

Entre os dois polos da unidade tempo, isto é, passado e futuro, situa-se um intervalo onde se assenta a essência, o principal objetivo da vida agora, que é o viver. A esse intervalo foi dado o nome de presente alusivo, a dádiva concedida pelo tempo. O presente é definido como momento ou instante para se operacionalizar o que o futuro planejou. Embora pequeno, é quando colocamos em prática a tarefa que o futuro preparou. É o viver. O presente é o momento em que se vive, vivencia, executa. Apesar de curto, ele é bastante para se viver, realizar o exercício da vida e logo se tornará passado. No entanto, sentimos às vezes como que empurrados pelo futuro para viver com rapidez e o passado ávido por nos engolir de vez.

Espremido entre eles, o viver é uma habilidade a ser aprendida, pois a dinâmica é intensa. E novos futuros começam a aterrissar no presente, exigindo da vida viver novos momentos. Durante esse viver, somos requeridos para arquitetar novos planos e desejos, construindo mais futuro que nos amassa e nos espreme novamente. Durante o viver, nesse curto intervalo de tempo, carregamos conosco os arquivos do passado com os registros das tarefas fracassadas e com os elos do sofrimento – traumas. Nesse mesmo intervalo de tempo – o viver – carregamos, também, os arquivos do futuro, ansiando por executar rapidamente os planos e desejos neles inseridos, criando os elos da aflição e angústia. De tudo isso temos que nos desvencilhar, pois o viver recebeu pequena parte do tempo e merece uma vida plena, isenta desses tormentos (traumas, angústia e aflição). No mundo atual, o passado pouco atormenta o momento de viver, mas o futuro afoga-o com tantos planos e infindáveis desejos a satisfazer, retirando, em muitos, o foco dos eventos que estão acontecendo no momento de viver (no agora). A falta de foco nas ações virou a parte central de nossas vidas, principalmente nos jovens e adultos jovens.

Assim, o brilho do viver é ofuscado e não percebemos a vida, pois a consciência está trabalhando nos novos futuros, apesar de estarmos no presente. É como abster-se do presente e viver no futuro, desmerecendo o presente e valorizando somente o futuro. Os planos e desejos excessivos no mundo atual passaram a causar estresse no corpo que empregamos para viver o momento, criando disfunções ou até doenças como o câncer. O corpo pede socorro, pois não aguenta tanto a velocidade que o futuro desenvolveu, atropelando o presente – o viver. A sincronia entre futuro, presente e passado precisa ser perseguida para quem quer saborear o viver. É preciso entender o tempo na sua totalidade, evitando priorizar parte dele. O tempo é o maior patrimônio que temos depois da saúde.

Existe um ponto de equilíbrio entre os efeitos do passado e do futuro da vida presente e inerentes a cada pessoa. Procure descobrir os seus limites nas interferências do passado e do futuro na sua vida, buscando sempre o que de bom o passado oferece e o que de auspicioso o futuro sugere.

CAPÍTULO XV
DOENÇA E SAÚDE

A doença relata a incompreensão que temos com o nosso próprio corpo, mas a saúde ofusca suas lamentações com alegria e felicidade.

Os polos dessa polaridade, isto é, doença e saúde, são difusos como falamos no início deste livro (Polaridade e limites).

A saúde perfeita não existe, talvez apenas na imaginação ou nos livros de medicina. Uma pessoa com a saúde perfeita não se conhece na vida atual. Pode, sim, haver pessoas que não mostraram sintomas de doenças graves ou impeditivas de locomoção ou obstrutivas de alcançar os desejos e planos variados que a vida sempre oferece. A saúde total seria alcançar a pureza, a perfeição, a invulnerabilidade. Não ocorre nos humanos. É a harmonia total, quando as várias funções dos órgãos são desempenhadas em ritmo cadenciado e os tecidos seguem obedientes às ordens dos órgãos. A doença significa a perda relativa dessa harmonia e a desobediência de uma ordem geradora de equilíbrio corporal.

Trafegar nesse intervalo entre saúde e doença é o mesmo que dizer que passamos da harmonia e equilíbrio (saúde) para a condição de desarmonia e desequilíbrio (doença).

A ciência já explicou que a doença inicia com um fator injuriante e requer um período de tempo transcorrido do início de sua manifestação até acontecer o aparecimento de sintomas. Para exemplificar, podemos citar fato de alguém caminhando na selva quebrar o braço. Nesse momento, iremos dizer que a pessoa foi injuriada num acidente. No entanto, se caso o braço não for engessado e a ruptura do osso danificar tecidos e veias, após alguns dias o paciente precisará ser internado em hospital chegando, talvez, a amputar o braço. E dirão que a pessoa está doente, talvez com gangrena (sintoma) no braço acidentado. O aparecimento do sintoma é o momento de dizer que alguém está doente. Realmente é assim no cotidiano de cada um. Sem sintomas não podemos diagnosticar que alguém está doente. Mas a doença já pode estar instalada na consciência ou em alguns órgãos à espera dos sintomas para ser descoberta.

São muitos os fatores que já alteraram a harmonia e equilíbrio da saúde a que nos referimos antes, tornando-nos doente em potencial, apenas esperando os sintomas para sermos convencidos e convencer os outros de que estamos doentes. O infarto do miocárdio convence o paciente que a vida que levava, sem exercício físico e alimentação inadequada, foi a causa e que de agora em diante precisa ser alterada, senão agravará ainda mais os sintomas (doença). A doença veio demonstrar a desonestidade consigo mesmo. Desmascara o comportamento consigo mesmo. Assim, a doença passa a ser a construção de um novo equilíbrio, como ensinam Dethlefsen & Dahlke no livro "A doença como caminho". Ela nos ensina a viver. E por isso se diz que a doença é uma provação e nos torna fortes e decididos a executar mudanças. Mudanças na alimentação, no modo de vida. Mas são inúmeros os doentes sem sintomas, apenas à espera deles.

Podemos dizer que o ser humano está doente mesmo não tendo sintomas. A estética e o comportamento de sua apresentação para as outras pessoas já demonstra doença sem sintoma, como, por exemplo, o excesso de peso que já afeta mais de 50% da população brasileira e poderá levar o brasileiro a ser o país campeão mundial de obesos dentro de 15 anos. Cerca de 70% da população brasileira tem algum problema de alergia ao leite de vaca, mas a população insiste em comer produtos manufaturados e da culinária envolvendo o uso do leite de vaca. O comportamento agressivo das pessoas, como o nervosismo, a ganância exagerada e incessante no acúmulo de bens, o fumante, o alcoólatra são manifestações do desequilíbrio e desarmonia a que nos referimos antes. E todos que assim procedem estão à espera apenas de sintomas para caracterizar que estão doentes. E pior ainda: esse doente sem sintomas desenvolve doenças em outras pessoas do seu relacionamento, proferindo palavras desmotivadoras e agressivas, contaminando o pensamento e o inconsciente delas.

A doença (sintomas) nos mostra o ponto vulnerável e o abalo psicológico do fracasso (consciência) por ter usado apenas a autoridade pessoal.

A doença, no mundo atual, está na consciência antes de manifestar-se em sintomas (ver Dethlefsen & Dahlke – A doença como caminho). O homem está consciente de que é um prazer comer exageradamente, de fumar, beber em excesso, comer produtos lácteos (lactose), pois tudo foi embelezado pela indústria e nas comemorações festivas. O ego está faminto do ter e do poder. Precisa-se cada vez mais, e desesperadamente, acumular mais bens. Precisa-se do ter e do poder a todo custo.

No intervalo entre os polos doença e saúde existe um ponto de equilíbrio pois, como já comentamos, nunca somos completamente saudáveis e nem doentes a ponto de não podermos conduzir adequadamente nossas vidas. É importante saber, por reflexão, onde cada um de nós está ancorado nesse intervalo. É o limite de que precisamos.

Como o sintoma é o aspecto mais perceptível da doença, uma vez que ele ocorra passamos a investigar a causa. O que é uma importante decisão, pois com a consciência adquirida sobre a causa pode-se alterar o limite entre a doença e a saúde, aproximando-se mais do polo saúde com base em ações mais corretas. No entanto, a causa da doença é complexa e múltipla. Em muitos casos, a causa está distante do sintoma (doença). O tumor (sintoma) pode, em certos casos, ter como causa o estresse, fracassos, angústia e aflições. Tudo isso gerado na consciência (cérebro-mente). Porém, o sintoma aparece distante dele, no intestino, estômago, dentre outros órgãos. Diagnosticada a causa correta e tomadas atitudes renovadoras – espirituais e religiosas –, pode levar ao desaparecimento do sintoma (tumor), o que tem ocorrido com algumas pessoas. O câncer, no entanto, é rápido na sua destruição. Ele é o resultado da desobediência de um conjunto de células contra a decisão do órgão a que pertence, buscando sua independência da unidade superior (o órgão). Mas sua atitude leva à destruição da unidade (órgão) bem como de si mesmo – sucumbem todos! A unidade precisa ser sempre valorizada para o sucesso de suas partes (as polaridades).

A extirpação do sintoma, como acontece comumente na medicina, não elimina a causa, pois ela pode estar distante do local manifestado. A dificuldade do reconhecimento da causa leva o médico à cirurgia, antes de identificar a causa para curá-la na fonte e não onde se manifestou. Assim, o paciente doente (com sintoma) necessita vasculhar, sozinho, sua consciência na busca da causa.

Os limites de cada um, no intervalo da polaridade saúde e doença, vão ser definidos ao nível da consciência adquirida nas diversas atividades e funções desempenhadas na vida.

A consciência dos fatores ancoradores de cada um no intervalo da polaridade saúde e doença aproximará a pessoa do polo saúde e o distanciará da doença, deixando de ser doentes sem sintomas, valorizando a vida que é a unidade que precisamos preservar.

CAPÍTULO XVI
A FÉ E O CETICISMO

A fé evita a perda de tempo para reunir provas da minha própria capacidade e do poder de Deus.

A polaridade fé e ceticismo vai do acreditar sem provas formais (fé) à exigência de provas até científicas (ceticismo) para encontrar a verdade em coisas e fatos. A fé se situa em um espaço entre a certeza e a dúvida sem ser nenhuma delas. Não é certeza, pois não se realizou ainda. E não é dúvida, pois se crê naquilo que é o objeto da fé. A fé é o firme fundamento das coisas que se espera. É uma verdade que não se consumou ainda, mas já é aceita como realizada. A fé basta como prova. Ela está centrada na vontade.

Todos temos no nosso interior a semente da fé à espera do momento para germinar. É o acreditar no que vai executar que é o primeiro passo para a atitude e daí iniciar a ação.

Ter fé cria uma energia positiva e motivadora que impulsiona para a ação. É a fé humana, isto é, a fé em si mesmo e nos outros. Ter fé em si mesmo inaugura um oceano de atitudes no caminho à frente, desbravando obstáculos, chegando às ações. Ter fé no seu negócio, no estudo que ora se realiza, nos empreendimentos em geral é o primeiro passo para sair da inércia e caminhar com força e determinação sem carregar consigo algum viés de sofrimento. Tudo ocorre porque tem que ocorrer. Os obstáculos foram criados para serem vencidos. E serão com a fé. A fé é maior do que qualquer obstáculo. Ela traz a forte autoestima e expulsa o medo em qualquer aspecto da vida. A fé é a maior energia que temos para viver feliz e em paz. Ela faz você ser você mesmo, ser forte e lutador por espaços maiores na vida.

Fora da crença religiosa, a fé busca a razão como fundamento. Passa-se a ter fé em si mesmo, porque, na sua consciência, já existem arquivos provando sua capacidade em desenvolver algo ou fabricar coisas. Começa-se, então, a traçar os objetivos para as ideias formuladas e a criar os planos. Essa fé contumaz em novos planos leva a vida a ser um balcão de negócios futuros sem possibilitar o cérebro a se ater no momento, no agora, deixando a vida presente passar, sem a devida atenção que é objeto de gravação na memória. No meio de tantos objetivos e planos, o momento deixa de ser a realização já alcançada para ser novos futuros. E que algo já se alcançou e precisa ser saboreado, que é o viver o momento, com absoluta atenção nos fatos e meios empregados.

A fé convence seu cérebro de que o que se espera já chegou. É como se a própria fé fosse a prova de que aquilo já ocorreu. Nesse aspecto, pode-se melhorar sua saúde física por meio do psíquico. Ter certeza de que a vida é viver – e esse é o seu mérito maior –, diminui a força do fracasso por não ter conseguido os meios que julgou ideais para viver. Mas é preciso que o cérebro seja convencido de que a vida é viver. Para isso repita sempre: a vida é viver, quando a energia do fracasso chegar. Bem naquele sentido, deixe a vida te levar! Valorize o viver no agora e desmonte as muralhas da angústia, do fracasso e do medo.

Com o declínio da Idade Média, e o aparecimento da ciência moderna e do pensamento iluminista, tudo deveria ser explicado à luz da razão. Nesse período também surgem as ciências e o método teórico experimental. A ciência derrubou muitos mitos que alicerçaram a fé de tantas pessoas. Tirou um pouco o encanto das coisas, pois muitos fatos passaram a ter explicações científicas e simples dando ideia de que a vida é simples e previsível. No entanto, muitas explicações da ciência revelaram a beleza dos processos naturais como a captura da energia do sol e todo o laboratório da fotossíntese, produzindo carboidrato que tanto usamos na alimentação, entre outros nutrientes. A sofisticação dos processos naturais levou a inteligência humana a imaginar uma inteligência muito maior como a criadora de tudo isso, pois nada inicia do nada e, portanto, precisa de um Criador. E nesse Criador alicerçamos nova fé e moderna, pós-ciência, invisível – que é Deus.

A fé em mitos passa para a fé num Criador dos eventos sofisticados da natureza já explicados pela ciência dos homens. É uma mudança de natureza da fé. Mas a fé continua intacta e repousada no nosso interior.

Mas nem tudo no mundo real segue as leis da ciência, além de muitos fatos reais serem ainda desconhecidos da ciência. Ela é incapaz de explicar a origem do espírito e até mesmo do Universo, apesar de existirem muitos estudos nessa direção atualmente.

O mundo real é maior do que a capacidade da ciência em explicá-lo. É a fundamentação do pensamento e a motivação dos cientistas e alunos de alto nível na execução de teses e tratados científicos. Além disso, a ciência necessita, para essas explicações, de novas leis que ela própria não tem meios para edificá-las. O homem, construtor das leis da ciência e com o pensamento materializado, não consegue visualizar além da matéria – o invisível. Nesse mundo, ainda incompreendido, a fé é a garantia das coisas esperadas e a prova das que não se veem (Paulo – Hebr., II, 1). A fé passa a ser a própria prova. É a fé religiosa ou divina. Na realidade, a fé é uma só. Ela é inata de cada humano. A fé em si próprio (fé humana) é a mesma fonte que opera a fé religiosa ou divina, onde a busca da razão está sempre nos textos bíblicos. No cristianismo, esta razão está nos Evangelhos de Jesus Cristo. Ocorre, então, a indissociabilidade entre a confiança em si próprio e em Deus, uma vez que são criatura e Criador.

No polo oposto à fé está o ceticismo, característica daquele que duvida de tudo que não está provado de modo evidente. O cético, que se assenta neste polo, oposto à fé, está bem definido pela falta da fé religiosa ou divina, pois não encontra as provas requeridas por ele, uma vez que rejeita a razão relatada nos textos bíblicos. Ademais, a fé divina e religiosa precisa ser moldada no firmamento, talvez até em conexões com outras forças desconhecidas. No entanto, o cético carrega a fé em si mesmo nos seus objetivos e planos pela vida. Esta é a fé inata, que é parte de qualquer ser humano, até mesmo o cético. Assim a fé está, também, dentro do cético.

A unidade nessa polaridade é o exercício da vida usando a razão ou a revelação para criar a fé como energia essencial para se viver.

Em algum espaço nesse intervalo entre a fé e o ceticismo está ancorado cada um de nós. É o limite que definimos na nossa vida. Somos céticos em alguns momentos até nos convencermos de que a fé é uma energia nada desprezível para buscar a tranquilidade evitando contendas consigo mesmo e com os outros. É importante cada um refletir sobre seu limite entre o espaço criado entre a fé e o ceticismo.

CAPÍTULO XVII
O FINITO E O INFINITO

O infinito é a meta ainda a alcançar, mas agora temos valores, desejos e planos que cabem na vida finita presente trazendo alegria e felicidade.

Nessa polaridade, o finito envolve o que tem limite e pode, portanto, ser medido, enquanto o infinito foge ao controle ou entendimento de nossa mente, torna-se imensurável e caminha pelo terreno do desconhecido. O finito é o terreno firme por onde caminhamos na nossa existência e o infinito é onde almejamos chegar sem ter noção do caminho. Em tudo temos o finito como parte de um todo, tem fronteiras e limites e se torna infinito quando desaparece, fugindo da nossa percepção, das fronteiras, dos limites. O finito passa a ser o objeto imediato de nossas vidas. Assim, podemos traçar planos e executá-los, pois temos o controle quantitativo de tudo. Compramos um carro, uma casa, um sítio, dentre outros bens. O melhor seria dizer que apossamos de um carro, de uma casa, de um sítio. Eles serão nossos num limite de tempo finito. Continuará por mais tempo como carro, casa e sítio nas mãos de outros que virão depois de nós, caminhando para o infinito nas mãos de vários donos. Esse exemplo dado demonstra que o finito é a percepção de uma lacuna que existe no infinito agora descrito e vivido pela pessoa. O infinito é a totalidade e o finito é a segmentação dela como parte tangível e sob nosso controle.

Na filosofia, o pensamento cristão do século XIX tornou mais importante a ideia do espírito embasado na natureza eterna dos gregos e do Deus eterno dos cristãos. Prevalecia a ideia de totalidade (infinito) em que os homens são parte dela (finito). Em outra corrente filosófica do século XIX e XX surge o existencialismo, dando mais importância ao finito. Neste contexto, define o homem como um ser que é temporal e que precisa encontrar em si mesmo o sentido de sua existência como finito.

O foco flutuante, ora no infinito, ora no finito, nessas correntes filosóficas deságua no pensamento englobante enfocando tanto o infinito quanto o finito denominada como Filosofia da diferença. A singularidade e a particularidade passam a definir um espaço finito dentro de uma totalidade (infinita). Em vez de uma cultura universal, interessaram-se pela diversidade, pluralidade e singularidade de diferentes culturas. Em vez de uma ciência universal, englobando todas as ciências particulares, interessaram-se pela diversidade e pluralidade delas, caminhando por uma pulverização das ciências como observamos hoje.

Existem inúmeros infinitos ou totalidades como bens de consumo e na natureza em geral. Não precisamos da totalidade para viver, mas de parte dela. Entre os bilhões de carros (infinito) que existem pelo planeta preciso de um, dois, três ou até uma dezena deles para viver (finito). Entre bilhões de casas pelo planeta (infinito) preciso de um, dois, três ou dezenas delas para viver (finito). Mas existem pessoas que querem a totalidade para viver ou viver no infinito como Hitler, Napoleão Bonaparte, os romanos, que quiseram todo o mundo para si mesmos.

Definir um finito em tudo para a vida, dentro dos infinitos que se apresentam, é o limite de que precisamos estabelecer para viver feliz e em paz.

Como tudo que é matéria se transforma, algo se desintegra e passa a constituir parte do outro. É o finito se espedaçando e formando o infinito. O material orgânico (planta e animais), ao longo de milhares de anos, desintegrou-se e formou o petróleo. E a matéria passa a ter, como sua infinitude, a energia que a gerou pela condensação em forma de uma bola (Teoria do Big Bang). Assim podemos dizer que o finito não existe. E o que existe é o infinito. O finito passa a ser a percepção momentânea de algo pelos humanos. Até o corpo humano, que é reconhecido pela nova percepção como finito, é desintegrado e passa a constituir parte de outro ser biológico (fungos, bactérias, vermes). Ele é finito no contexto do que morreu, mas infinito no contexto dos que dele se beneficiou. Afinal, somos todos seres biológicos com constituições semelhantes. Eu estou nas folhas do gramado, pois ambos somos constituídos por carbono, sais minerais, entre outros compostos assemelhados. As plantas e os animais (carnes, peixes) passam a ser meus constituintes quando os ingiro nas refeições. O infinito e o finito dependem de cada momento na cadeia biológica e no processo transformante da natureza.

Parte do território do infinito está dentro do finito. Assim, momentaneamente, reconhecemos o finito como verdadeiro. É apenas um produto da nossa percepção atual, na vida agora. Existe um finito para cada coisa ou fato na vida atual de cada um e com ele precisamos seguir a caminhada pela vida rumo à totalidade – o infinito. O finito passa muito pela noção de tempo, enquanto o infinito o desconsidera. O tempo passa a ser o companheiro do finito. Mas acaba interferindo parcialmente no infinito, uma vez que o finito está dentro do infinito.

Como o tempo e o finito são efêmeros, fugazes, eles são cenas de certos períodos. Se num computador colocarmos todas as cenas em sequência, então poderíamos eliminar ambos e teríamos apenas o somatório deles – o infinito. Como o finito, o tempo também não existe. Mas ambos são úteis na vida transitória de cada um de nós, pois sabemos da transitoriedade de nossas vidas de agora.

Por fugir da percepção humana, o infinito situa-se no terreno do invisível, desconhecido ou imensurável. Então o infinito é um estado do finito, perceptivo. Se o infinito não está no finito não existe completude. Não existirá a trilha para o finito caminhar no rumo do infinito que é a meta a alcançar.

Depois de tanto buscar a finitude em tudo, tanto abstrato como material, para entender e usar os modos e meios para viver, chega-se, pela reflexão, que a finitude está também em nós enquanto corpo e que dentro de cada um de nós está a infinitude expressa no espírito que tem como metas a eternidade, que é uma expressão da infinitude. O finito é regido pelo tempo que criou sua metodologia para tornar didático sua atuação, através do início, meio e fim. Já o infinito é regido pela eternidade, criando um espaço, sem a contribuição do tempo, porém desconhecido ou impossível de ser conhecido pelos humanos vivendo agora neste planeta. O espírito que temos no nosso corpo é a identidade do infinito dentro de nós com a dimensão da eternidade. A convivência do finito (corpo) e o infinito (espírito) nunca pode ser de confrontamento, mas sim de harmonia, desde que entendemos a função e atribuições de cada um, por exemplo o corpo com a afinidade pelos relacionamentos com o material, que tem massa e perceptivo. E o espírito com afinidade para o extrassensorial, podendo ver além da matéria. E ambos, acoplados ao corpo humano, doam percepções materiais e abstratas podendo auxiliar o corpo finito a experimentar diversos atos abstratos e úteis para a vida de agora como o amor, a misericórdia, a bondade, o perdão.... É a harmonia e a paz que conseguimos com a tranquilidade e serenidade respeitando o corpo e o espírito na vida de cada um com as suas distinções, mas abertos para o cooperativismo se soubermos buscá-lo.

No caso da construção do ser humano, se não existisse o infinito (espírito, Deus) no corpo humano (finito) não seríamos completos ou funcionais. O infinito, neste caso, Deus, tem que estar no finito (ser humano) para existir a completude e a vida poder seguir rumo ao infinito (vida eterna).

A existência humana tem dois infinitos na sua completude. O infinito biológico em que parte de seu finito é conhecido da ciência, com o sequenciamento do genoma humano em 2001. E o infinito espiritual em que a ciência é cega no seu conhecimento. Essa miopia da ciência é de fácil entendimento, já que a ciência é feita pelos humanos. E o cérebro humano aprendeu a materializar tudo, criar leis materialistas que não entendem o deslocamento de qualquer corpo sem trajetória, como nos fenômenos paranormais, como o poltergeister (transporte de objetos), pois não aceitamos afrontar a lei da física dos humanos que diz que qualquer corpo, ao se deslocar, deixa sua trajetória.

O infinito biológico, que é o genoma formado pelo DNA, tem todas as mensagens (genes – parte do DNA) para a organização da vida biológica humana numa sincronia ditada pelo tempo biológico. Nesse genoma, encontram-se partes conservadas há milhões de anos. Aleatório ou orientado, para participar da vida biológica, cada um precisa receber duas células, contendo cada uma 50% do DNA, que formará toda a estrutura corporal durante a vida biológica do nascituro. Esses doadores são denominados pai e mãe e patrocinadores do nascimento. E quem recebeu será denominado filho. Nenhum de nós pode escolher o DNA para a formação do próprio corpo. Esse é o DNA circulante que aqui permanecerá infinitamente até a morte corporal do último humano no Planeta Terra. Ele circula pelos continentes por intermédio das pessoas e cada um de nós recebeu e doou (reprodução biológica) uma amostra dele.

Esse DNA, formador do genoma humano, já se alterou ao longo de milhões de anos. E o corpo formado com base nele passou por várias formas, afetado sempre pelo meio ambiente. Os genes, que estão no DNA, influenciados pelo meio ambiente, têm responsabilidades por tudo que ocorreu na evolução da nossa espécie, conforme a ciência. Realmente, eles nos oferecem ótimas explicações para a evolução que ocorre dentro de cada um de nós e na nossa população nesta vida corporal. Para isso precisamos, primeiramente, separar dois momentos distintos na nossa vida neste Planeta Terra: evolução da espécie Homo sapiens e evolução de um só indivíduo dessa espécie.

A transformação humana, dentro da evolução da nossa espécie (Homo sapiens), ocorreu em um grupo de indivíduos. E o DNA foi o sustentáculo e a explicação de quase tudo que ocorreu e se conhece hoje, baseado na teoria da evolução das espécies de Charles Darwin. Mas, mesmo assim, apenas pelo DNA e pela teoria de Darwin é difícil explicar por que a nossa espécie Homo sapiens se tornou inteligente a ponto de produzir seu próprio alimento, apenas há 10.000 a 15.000 anos, apesar de essa espécie existir há 400.000 anos. E foi só ela que se tornou inteligente; nem a sua antecessora, Homo erectus e nem mesmo as suas demais companheiras, no meio selvagem e que ainda vivem lá, como os nossos primos chimpanzés.

A ciência aponta a origem e a evolução da espécie humana como sendo na Etiópia, Leste da África. Do norte da África ocorreu a migração dessa espécie há aproximadamente 70.000 anos e que, há 15.000 anos, os seres humanos eram ainda caçadores-coletores em pequenos grupos. Porém, geneticistas propõem, baseados em estudos do DNA humano, que ocorreu um estreitamento genético no DNA, resultante da redução drástica na população do Homo sapiens, para uma população entre 1.000 e 10.000 pessoas, no período do Pleistoceno superior (entre 126.000 a 11.500 anos a.C.), em virtude de uma catástrofe. A ciência, então, admite que houve essa redução na população dos humanos e que, a partir daí, possivelmente, esses humanos remanescentes se tornaram inteligentes, produzindo seu próprio alimento, deixando, talvez, de ser apenas caçadores-coletores. Mas, pergunto: isso foi causado por mutação ou mutações, fenômeno aleatório ou foi direcionado por uma entidade transcendental e superior a todos nós? Ainda dentro da explicação pela ciência, se o número de Homo sapiens foi assim tão drasticamente reduzido nesse período, em razão mesmo da catástrofe, a mutação considerada como a única forma de explicar essa evolução da nossa espécie (com os efeitos do ambiente – é claro) poderia agora ter ocorrido em um único indivíduo e todo o grupo ter-se mantido unido, já que eram poucos os remanescentes. Dessa forma, os diversos grupos de Homo sapiens que, separadamente, viviam na floresta, agora se reduziram, talvez, a apenas um grupo. E, assim, a mutação num só indivíduo do grupo, talvez tenha propiciado vantagem, beneficiando todo o grupo (agora reduzido), como, por exemplo, a mutação ou as mutações que levaram à inteligência – se ocorreram dessa forma!

Outro momento nessa discussão é sobre a evolução de um só indivíduo dessa espécie. Agora estamos falando de qualquer um de nós que nasce, cresce, vira adulto e idoso, passando por diversas fases, adquirindo experiências, vivendo emoções. Na existência de um único indivíduo, a evolução que ocorre – também o DNA – é o sustentáculo maior para explicar quase tudo influenciado, é claro, pelo ambiente em que vive. Alterações como troca de bases – mutações – podem ocorrer no DNA, mas muitas delas não terão chance de se incorporar no "DNA circulante da espécie", pois reproduzimos muito cedo (antes de elas ocorrerem no DNA) e, assim, essas alterações tardias perecerão com o corpo físico – morte. E as experiências, o conhecimento, enfim, tudo gravado no cérebro-mente, durante toda a vida, será destruído com a destruição do corpo? Ou será que, de forma ainda desconhecida, todas essas experiências passam adiante após a morte? Isto é, além da evolução que ocorre num só indivíduo nesta existência, pode ocorrer outra evolução, quer dizer, desta existência para outras futuras? Se isso ocorre, tudo vivenciado nesta existência será carregado para outra. Precisamos, então, conceber ou explicar a existência da continuidade desta vida presente após a morte. Nessa tarefa ficamos sem a ajuda da ciência. Mas a ela agradecemos por nos ensinar e provar tão bem os eventos da nossa história, da nossa biologia, das doenças que contraímos, até esgotarem seus métodos, processos, leis e meios.

O infinito biológico, o DNA, é visível e gera um corpo finito o que desaparece, mas ele se mantém infinito, isto é, "vivo" e circulante na população humana. Algo etéreo, invisível, participa na organização das funções vitais e orienta as ações do corpo: é o espírito. Este é outro infinito, o infinito espiritual, necessário para a completude do corpo. Assim, dois infinitos, o biológico e o espiritual, entram na formação de um corpo que é finito, mas com ele vamos caminhar pela vida presente.

Diferente do infinito biológico – o DNA – que tem estrutura conhecida pela ciência, o infinito espiritual é invisível e, às vezes, difícil conceber sua existência. Mas existem evidências, entre nós humanos, da sua necessidade para o corpo criado pelo DNA (infinito biológico). Vamos descrever algumas delas.

O FENÔMENO LOLA

A greve de fome tem sido, em todo o mundo, uma maneira de protestar contra algum fato político ou econômico, entre outros. Esse período sem se alimentar é de algumas semanas. Caso contrário, a pessoa entra em estado de desnutrição grave, chegando à morte. Normalmente, durante esse período, é necessário acompanhamento médico para evitar maiores transtornos à saúde.

Essas abstinências por alimentos, movidas por interesses materialistas (políticos, econômicos), não são toleradas pelo corpo físico por muito tempo, sendo, então, prova de que as energias estocadas no corpo físico e sem reposição duram poucas semanas. Contudo, abstinência de alimentos por períodos mais longos tem ocorrido entre pessoas religiosas. São relatados casos de abstinência por alimentos, por 28 anos, pela religiosa Santa Ludovina e por 13 anos, por Alexandrina, entre outras citadas no livro "O sagrado coração de Lola", escrito por Roberto Nogueira Ferreira.

Mas, nenhum desses casos de abstinência alimentar se aproximou daquele vivenciado por Floripes Dornellas de Jesus, mais conhecida por Lola, na cidade de Rio Pomba, estado de Minas Gerais, Brasil. Lola viveu cerca de 56 anos sem beber e comer. Apenas umedecia a língua, de vez em quando, com a água que era deixada na cabeceira de sua cama. A sua alimentação, na realidade, era a hóstia consagrada, dada a ela pelo padre da paróquia de Rio Pomba. Seu quarto era um altar e ela era devota do Sagrado Coração de Jesus. Lola, desde jovem, era muito religiosa, a ponto de ficar na igreja rezando, por muito tempo, após o término da missa, o que sempre preocupava sua mãe, por não saber por onde ela andava. Muito cedo na sua vida, aos 15 anos, sofreu um acidente, caindo de uma jabuticabeira e fraturou irreversivelmente a coluna cervical, tornando-se paraplégica. Depois de algum tempo de tratamento médico, Lola decidiu, em maio de 1943, não mais se alimentar e nem beber, e só viver para o Sagrado Coração de Jesus, sobre uma cama sem colchão, onde ficava recostada em oito travesseiros. Na primeira sexta-feira de cada mês, de frente para a porta de seu quarto, o padre da paróquia de Rio Pomba celebrava uma missa, acompanhada por ela no seu leito, com alguns amigos.

A casa em que Lola vivia era em um sítio, que recebeu em doação por um conhecido seu, na chegada de Rio Pomba e que ela chamava de "Lindo Vale". Mais tarde, todo o sítio foi doado por ela para a Igreja Católica ainda em vida, como relata Ferreira em seu livro, que consiste mais em um trabalho jornalístico, apresentando diários escritos por Lola, sua vida civil como cidadã, além de entrevistas. Mas, foi o Dr. Cláudio Bomtempo, médico que cuidou dela por muitos anos, que relatou, em seu livro "O que meu coração aprendeu" – que já está em sua 4ª edição –, as intimidades de sua vida de clausura paraplégica, porém, embelezada pela fé no Sagrado Coração de Jesus e que se encerra com sua morte, em 9 de abril de 1999, depois de 56 anos sem comer, beber e dormir. Você ficará impressionado ao ler os relatos que o Dr. Bomtempo faz em seu livro, como, por exemplo: 1) certa vez, Lola reclamava de dores nas mãos e o Dr. Bomtempo resolveu aplicar-lhe um analgésico injetável; após a aplicação, todo o líquido retornou pela abertura feita pela agulha. Lola logo falou para o Dr. Bomtempo: "convidei-o para cuidar de mim, mas não com os ensinamentos aprendidos nos cursos de sua faculdade de medicina e, sim, por outros meios, principalmente a fé"; 2) em outra vez, o Dr. Bomtempo foi chamado por ela e, rapidamente, foi ao seu encontro. Quando entrou no quarto, sem nada ter dito a ela, ouviu: "por que não convida sua namorada para entrar"? E ela estava realmente no seu carro, lá fora, esperando por ele. Diz o Dr. Bomtempo: "...por várias vezes presenciei Lola dando descrições de coisas que ficavam longe dela fisicamente, mas ela falava como se estivessem muito próximas. Falo de imagens que ela afirmava estarem neste ou naquele lugar, na casa de pessoas, descrevia ambientes como se os conhecesse, descrevia objetos e sua localização fora de seu campo visual".

Este e outros relatos feitos pelo Dr. Bomtempo no seu livro apontam para a conclusão de que o espírito de Lola "viajava" para regiões fora do corpo, como disse o Dr. Joseph Murphy acerca da mente inconsciente, "a qual deixa o corpo e viaja para terras distantes".

Lola tinha os batimentos cardíacos normais, conforme relata o Dr. Bomtempo, falava normalmente, escrevia algumas coisas no seu diário e encerrava sempre dizendo "confio em Vós, Sagrado Coração de Jesus". Muito pode ser aprendido sobre Lola lendo o livro do Dr. Cláudio Bomtempo, que é médico com consultório na cidade de Barbacena, Minas Gerais.

No dia do falecimento de Lola, a emissora de televisão Rede Vida colocou no ar um programa com médicos, padres e pessoas próximas a Lola na busca de esclarecimentos sobre sua vida e tentar explicar por que uma pessoa conseguiu viver tanto tempo (mais ou menos 56 anos) sem comer, beber e dormir.

Segundo especialistas, para manterem-se vivos, os órgãos internos do corpo de uma pessoa necessitam de, aproximadamente, 1.300 calorias, mesmo sem executar qualquer exercício físico, como trabalhar, andar. Como uma hóstia, uma vez por semana, que talvez tenha dois gramas de carboidrato, poderia suprir todas as calorias necessárias para mantê-la viva? Enfim, de onde vinha esta energia? Do ar? É certo que o oxigênio do ar era aspirado por ela, mas sozinho ele não gera calorias para o corpo.

Viver com abstinência total de alimento é incompatível com a manutenção da vida materializada, como descrito pelos acontecimentos com pessoas que se submeteram à greve de fome. Mas não é quando o argumento maior para essa vida sem alimentos é alicerçada na fé. É uma fé diferente. A fé, embasada na razão, é fácil de conseguir, afinal, somos seres racionais, mas ultrapassar esses limites e chegar ao celestial como alicerce da fé é algo que precisamos aprender, desenvolver, cultivar e renovar. É ter fé no que não vemos, mas podemos até senti-la, dentro de nós, e receber orientações.

No caso da Lola, não é apenas a fé apoiada no acreditar, mas sim na certeza de que, em outro mundo, desconhecido por nós aqui vivendo, reina o Senhor Jesus Cristo, doando a ela as calorias de que necessitava para manter-se fisiologicamente viva, processo este ainda desconhecido pela ciência, que deixa os médicos sem explicação para esse fenômeno, mas que tem, sem dúvida, a fé como a estrada para transportar essas calorias substitutivas dos alimentos e aportar no espírito da Lola. A rede de transmissão dessa energia recebida por Lola foi de espírito ligado a um corpo físico (Lola) para outro espírito com Poder Supremo, como dizia ela, o Senhor Jesus Cristo, em quem ela confiava e escrevia sempre assim no final de seus diários. Como explicar o fenômeno Lola, por outra via, senão a existência de um espírito encarnado que recebia doações diárias de Outro Espírito Superior (Senhor Jesus Cristo), talvez até para demonstrar para nós outros que o espírito (energia) é o organizador de todas as nossas funções fisiológicas (materializadas no corpo físico) e que tem sintonia com algo bem superior e transcendental, que vivenciamos todos os dias, sem notarmos que está, assim, acontecendo com cada um de nós, mesmo sem fé.

Então, no corpo da Lola existia um espírito a ele ligado e que "falava" com outros e deles recebia o combustível para mantê-la viva, sem os alimentos orgânicos e inorgânicos de que a maioria da população humana precisa para manter-se viva. Realmente, algo transcendental a supria de energia vital e motivadora, pois não reclamava de sua imobilidade física e não manifestava mau humor pela monotonia dos dias num mesmo local, imóvel. Talvez compensasse a imobilidade física com a mobilidade espiritual sem o auxílio do corpo físico e, por que não, com mensagens que recebia, talvez, Daquele que também a municiava com as calorias requeridas para manter seu corpo físico sem o uso de alimentos.

Outras evidências e revelações sobre a existência do espírito e sua infinitude estão nas religiões.

AS RELIGIÕES

A maioria das religiões mais seguidas pelos humanos no mundo, como cristianismo, islamismo, judaísmo, hinduísmo, bahaísmo e jainismo, entre outras, cultua a eternidade da alma (ver Moses, Jeffrey. Unidade – os princípios comuns a todas as religiões). E, mais recentemente, há 2020 anos, nascia um homem denominado pelos humanos como Jesus Cristo, que revolucionou o mundo com seus evangelhos, trazendo novas condutas, a ponto de constituir um marco para a nossa vida neste planeta, fixando as datas dos calendários como antes e depois d'Ele. Esse homem expulsava espíritos maus dos corpos de muitas pessoas. Conversou com Elias e Abraão (falecidos há muitos anos), nas montanhas, ao lado de Pedro, seu apóstolo e, ao morrer na cruz, disse: "Pai, nas tuas mãos entrego meu espírito, tudo está consumado". Tudo isso está nos livros bíblicos dos cristãos.

São tantos livros sagrados escritos, como os do Novo Testamento dos cristãos e o Antigo Testamento dos judeus e cristãos, o Alcorão dos islamitas, os textos sagrados budistas, a Torá dos judeus, entre outros, e todos relatando a existência de um espírito ligado ao corpo físico dos humanos, que ultrapassa o processo da morte.

As religiões, na busca de dotar seus seguidores de esperança e motivação na vida presente, buscam sempre elevar o papel presente e futuro desse espírito encarnado no corpo dos humanos. Mas, como esse espírito (alma) é eterno, existe, então, uma história na sua existência espiritual. Daí adquiri mais suporte os estudos de Brian Weiss sobre vidas passadas apresentados em vários livros por ele publicados, por exemplo, "A divina sabedoria dos mestres".

Considerar a inexistência do espírito é discordar da veracidade de tudo que foi escrito nos livros sagrados, nas diversas religiões. É dizer que mais de 80% da população mundial – seguidora dessas religiões – estão erradas nas suas convicções. É discordar do que o próprio Jesus Cristo disse na hora de sua morte: "Pai, nas tuas mãos entrego meu espírito…", o que é inadmissível para os cristãos.

Por tudo o que foi discutido neste capítulo, são fartos os argumentos sobre a existência do espírito, a ponto de dizer-se que ele é real e não apenas acreditar ou ter fé nele. É difícil, talvez, encontrar pessoas que não tenham plena certeza de que existe realmente espírito num corpo físico dos humanos vivendo neste planeta. Porém, pouca ou nenhuma é a ajuda da ciência para explicar a existência do espírito. Mesmo em alguns aspectos do corpo e da mente, a ciência ainda se mostra incompetente nas suas explicações, como os efeitos do estresse e do meio ambiente nos genes do DNA na vida de cada um. Portanto, cientistas e estudiosos entenderão a vida humana, segmentadamente, se buscarem entendê-la somente pela ciência, desconsiderando o infinito espiritual.

O espírito de cada corpo agora neste planeta foi erigido com a mesma essência de outro Espírito muito maior Criador de tudo e de todos os espíritos que é Deus. "O homem foi feito à semelhança de Deus". E o finito, o corpo, está envolto pelo infinito, espírito. O finito corpo desaparece e o infinito espírito continua a viver.

Algo etéreo, leve, flutuante está em cada um de nós e de nós sairá para uma viagem com destino desconhecido. Porém, com certeza essa pessoa ficará sempre no pensamento de outra e de muitas outras, por tudo que vivenciaram juntas nessa caminhada pelo finito do corpo. Mas, em algum momento, deixará de ser vista por qualquer ser humano nesta existência. Qualquer um que sentir esse momento, não precisará da tristeza para explicar sua impossibilidade de visualizá-lo/a e nem deixe que isso crie um vácuo em sua vida. Se assim se sentir, preencha-o com alegria, pois a vida continua mesmo sem a visualização pelos humanos. Não se preocupe com esse alguém, ente querido/a, ele/a estará no lado do caminho, sem poder ser visto por ninguém. É a continuidade da vida de outra forma que, quando ligada ao corpo físico, não tem a capacidade de entender, deixando que seja apenas possível entender o materializado, o que constitui já uma carga muito pesada para a existência neste planeta. E essa vida materializada exige muito de nós, sem que sobre tempo para pensar em algo além desta existência! Talvez até não tenhamos capacidade para entendê-la dessa forma, sem o corpo físico. O espírito ilumina o corpo e a caminhada do homem para ser melhor observado e guiado por Deus.

Este espírito, que está agora no nosso corpo e é infinito, pode ter tido passagens anteriores e, assim, ter tido outras experiências e vai caminhar rumo ao infinito maior – Deus.

Somos agora um só corpo, pois pelo DNA somos individualizados em testes de laboratório e um só espírito, que é apenas individualizado por Deus.

Tudo que está no infinito (espírito) está no finito (corpo). Se o infinito (espírito) não está no finito (corpo) não há completude, a vida de agora não caminha.

O corpo físico resulta de uma leitura correta dos genes no DNA (genoma) com prioridade para executar suas expressões no momento certo. Como existem muito mais genes do que os necessários para executar as funções básicas da vida, os genes remanescentes podem ser ativados e criar novas funções pela ação do meio em que a pessoa vive. Apenas 2% dos genes que existem no genoma humano têm função comprovada pela ciência. Assim, sobram 98% deles que podem ser úteis na adaptação de qualquer pessoa num novo ambiente. A ação gerada por informações do DNA são prioritárias na hierarquia da vida. O espírito que se acoplou completamente no corpo biológico no nascimento carrega sua história de vidas passadas além da missão de cada um. Sua atuação será diretamente na mente que decodifica sua informação e operacionaliza-a na base biológica do cérebro, emitindo ordens para os órgãos sob seu comando. Parece que as informações sobre outras vidas vividas pelo espírito só podem ser disponíveis na mente da criança até os dez anos, por isso é que disse na introdução que, nesse período, parte do infinito se apaga para caber no finito (cérebro). O corpo recebe informações do DNA e do espírito para completude da vida humana. Por isso a nossa vida é complexa.

Um ponto de equilíbrio deve ser alcançado entre o finito e o infinito, isto é, entre corpo e espírito. Não podemos somente satisfazer o corpo ou somente satisfazer o espírito, mas sim buscar um limite nesta interação, corpo e espírito, e definir os meios que justificam seu ancoramento neste espaço (corpo-espírito). Assim, a mobilidade na direção do polo escolhido passará a constituir a meta na sua vida.

CAPÍTULO XVIII
REFLEXÕES PARA ALCANÇAR O EQUILÍBRIO E PAZ

Talvez para o espírito (infinito) a vida agora seja um brinquedo, mas para o piloto dela no momento, a pessoa humana, ela é séria, responsável, bela e com esperança de que dure muito.

Sem entender os infinitos, a vida é a caminhada de um protagonista que a inicia sem saber porque iniciou e termina sem saber porque acabou. É uma peça teatral incompleta. Tudo se transcorre entre dois mistérios, o nascimento e a morte, parte dos infinitos. No percurso (finito), necessitamos das luzes da motivação, alegria, amor e vontade de viver com o horizonte da esperança no porvir renovado sempre com novos objetivos.

Os mistérios constituem nossa incapacidade de entender e lidar com os infinitos. Chegamos aqui pelo nascimento, patrocinado pelos pais, saindo de um infinito e entrando nesta vida que é finita. A finitude da vida humana não consegue e não tem capacidade de entender o infinito de onde procedemos, daí grande parte do infinito é apagado da nossa mente para que caiba no finito que é a vida atual. Nascemos sem a consciência que estamos nesta vida. Quando alcançamos esta consciência, lá pelos cinco a dez anos de idade, grande parte do infinito já foi apagado para que o finito caiba na mente (cérebro) da vida atual. Ao final, com a morte, somos transportados do finito, vida terrestre, para o infinito espiritual apenas. O infinito pela sua grandeza dilui em si o finito resultante da vida que aqui na Terra se transcorreu. E perante a imensidão do infinito, o finito se perde e o que aqui se passou se apequena. E a mente daqui é levada nesta mistura com o infinito. E tudo acabou na percepção dos finitos (pessoas) que aqui ficarão ainda viventes na vida terrestre que continua biologicamente para sempre. Na percepção dos infinitos, agora espírito, suas experiências aqui vividas continuam diluídas, talvez, com tantas outras em inúmeras "viagens".

Na vida vivida agora, temos o pensamento no infinito de tudo ofertada na execução dos processos e meios para viver, mas o processamento da vida precisa ocorrer no finito. No espaço finito do viver agora, o Ser e o estar resumem a vida que estamos vivendo. O Ser com o corpo finito estruturado biologicamente pelo DNA que circula por este planeta biológico (Terra) precisa do estar, estabelecer-se, para formar todos os processos e meios que a vida exige. Ancorar-se em algum ponto nos intervalos supostamente finitos (polaridades) de todas as coisas, pensamentos, fatos e ideias é o limite que precisamos para sentir e viver a vida. Como consequência das buscas pela finitude em tudo de que precisamos para viver agora, deixamos de desenvolver a capacidade de ver e sentir o infinito. Há totalidade (infinito) em tudo, porque passa pela nossa vida, causa-nos espanto, críticas e julgamentos, pois criamos a visão apenas de um segmento da unidade (o finito). Estamos vivendo o finito na busca da evolução para o infinito e nele nos tornamos.

Em decorrência da finitude do nosso cérebro, ele precisa edificar suas verdades criando um elenco de realidades para cada um conduzir a vida. Foi pela realidade que ocorreu a evolução e a adaptação da espécie humana durante milhões de anos. Então a realidade tem uma leitura fácil e rápida na nossa fisiologia interna. Toda a estrutura harmônica e saudável da fisiologia interna humana é produto da realidade. Sem a realidade, isto é, com a mentira, a desarmonia interna se estabelece. Não se consegue viver com saúde na irrealidade e mentira. Ou conseguimos viver com grandes dificuldades fisiológicas e psíquicas.

Falamos, no início deste livro, que o nosso DNA foi erigido e a nossa evolução como espécie foi desenvolvida em meio carente, mas sobreviveu para sorte nossa, caso contrário o homem não existiria. Por isso somos carentes. Na nossa ancestralidade, não aprendemos a viver em imensos aglomerados urbanos como ocorre hoje. Assim, não respeitamos os direitos dos outros nas vias urbanas, bem como as leis humanas para ordenar esta convivência. Não aprendemos a ética e a moral para convivência saudável.

Na nossa ancestralidade, não havia terreno para cultivar o amor, pois a competição com os macacos felinos premiava a hostilidade e a violência em vez dele. As carências incrustadas nesse DNA, que foi selecionado nesse ambiente, criou o egoísmo na lei "de cada um por si". Criou a inveja com a intenção de apossar-se do bem ou da posição que o outro ocupa. E tanto outras carências foram construídas ao longo da evolução. Essas carências se manifestam como imperfeições para a vida de agora. Como não vivemos em meio selvagem, não precisamos correr da onça ou dos macacos felinos. Por isso não precisamos do sistema de alerta interior que aciona a glândula suprarrenal para produzir cortisol e adrenalina. E pior que agora a ordem para a produção desses hormônios não vem do medo dos animais selvagens como na ancestralidade, mas do estresse do cotidiano que se torna a onça e os macacos felinos da vida moderna humana. E o excesso desses hormônios no nosso corpo em razão do estresse causa muito dano à nossa saúde.

A Igreja Católica interpreta as carências ou imperfeições, principalmente aquelas que afetam o convívio harmonioso, como pecado. E, assim, somos pecadores. No entanto, a rusticidade e a violência, durante o processo evolutivo da nossa espécie, fizeram-nos fortes para enfrentar qualquer situação de agora. Suplantar as carências que carregamos envolve dois passos importantes. Primeiramente, precisamos reconhecê-las, descobri-las no nosso interior. A seguir, precisamos reunir forças para a atitude de mudança. Assim, vamo-nos amoldando e equilibrando nosso ego, tornando-nos capazes de cumprir as leis comportamentais e de vida total que Jesus Cristo veio nos ensinar. E não seremos tão pecadores como dizem os católicos.

Na psicologia, enfrentar o problema (carência) é a terapia para a cura. A correção dessas carências, na vida de agora, premiando tantos valores como o amor, a partilha, a misericórdia, o perdão, torna a vida leve, romântica, respeitosa, bonita, alegre e feliz, num contraste muito forte com a vida das cavernas. Por isso é que o equilíbrio virou tema central de nossas vidas no afã de corrigir o ego excessivo e outras carências. O encontro do equilíbrio descobre a paz como meta final deste processo transformador das carências interiores, para encontrar a abundância em valores tão essenciais para uma vida plena e feliz no tempo tão curto que temos para viver nesta vida humana que nos proporciona a chance de sermos protagonistas e plateia ao mesmo tempo.

O nosso cérebro, que traz muito negativismo da vida rústica e violenta daqueles tempos precisa de palavras e pensamentos positivos para alterar seu comando do nosso próprio corpo. E não faltam palavras negativas e desmotivadoras emitidas por tantas pessoas no convívio humano. Sem esquecer que somos produtos do cérebro, portanto, precisamos entender que o cérebro sou eu e eu sou o cérebro.

Muitos órgãos do corpo podem falecer antes, mas cada pessoa e seu cérebro morrerão juntos. Essa amizade até o final deve ser fertilizada e irrigada. E o diálogo com o cérebro precisa ocorrer. Não posso ser apenas regido pelo cérebro, mas dar-lhe ordens e com ele dialogar. Com as duas partes distintas funcionalmente (consciente e inconsciente), o cérebro recebe, processa e operacionaliza tudo que vem pelo pensamento, palavras e outras formas desconhecidas, rotineiramente, para o exercício da vida, intoxicando o corpo ou causando alegria e satisfação. Precisamos evoluir no diálogo com o nosso próprio cérebro para restaurar saúde física quando somos suplantados pelo estresse e corrigir as carências que vieram da ancestralidade. Também cada um precisa dedicar mais tempo para estudar a saúde de seu corpo. Os estudos sobre a genética humana já provaram que cada pessoa é única no mundo. Não existem duas pessoas geneticamente iguais. As regras gerais, usadas pelos profissionais da saúde, para a condução de um corpo saudável, podem não ser tão adequadas para você. Descubra você mesmo as suas particularidades para ter saúde e driblar as doenças.

No percurso desta vida finita de agora precisamos buscar o equilíbrio e resultados, como explica Christian Barbosa no seu livro "Equilíbrio e Resultados" mas para alcançá-los precisamos de paz.

Reflexões após a leitura dos capítulos.

- Busquei tantas inquietudes na vida, algumas necessárias, outras nem tanto, mas encontrei a quietude que me mostrou a estrada para alcançar a tranquilidade e, assim, alcançar a paz.
- Busquei municiar o meu cérebro com muitas informações, ideias e pensamentos, mas só consegui permissão para a entrada de uma delas; mesmo assim fiquei satisfeito e preservei sua saúde (cérebro) que é a minha própria.
- Busquei tantas mudanças na vida, iniciando e terminando tantos capítulos. E concluí que meu limite agora é reduzir a frequência de inícios e fins na minha vida e me dedicar a ler os capítulos já vencidos para alcançar a tranquilidade e paz que mereço.
- Busquei preservar a estética do meu corpo, por isso trafeguei pelo feio e o belo, enfrentando a força do tempo. O limite que consegui neste intervalo (feio e belo) foi o equilíbrio suficiente para preservar minha autoestima e alcançar a paz.
- Busquei no conteúdo das formas entre o bem o mal priorizar o bem e rejeitar o mal. E o limite que consegui no meu assentamento aproximando-me do polo bem, proporcionou-me a recompensa do equilíbrio da consciência tranquila de ter servido ao próximo e, assim, alcancei a paz.
- Busquei as riquezas da vida sem alcançar todas elas, mas distanciei do polo oposto, a pobreza. Assim, o limite onde me assentei entre ambos foi suficiente para viver sem exageros num equilíbrio comigo mesmo e com os outros e, então, alcancei a paz.

- Busquei entender as transformações no corpo, nas percepções, nas ideias, no pensamento durante o percurso do corpo novo para o velho e encontrei o meu limite de assentamento em cada fase suficiente para viver com equilíbrio e alcancei a paz.
- Busquei sempre a verdade refutando a mentira. Mas algumas verdades foram enganosas. Mesmo assim, o limite que consegui entre ambas proporcionou-me viver em equilíbrio numa realidade saudável para meu corpo e para as pessoas de meu convívio e alcancei a paz.
- Busquei descobrir o meu interior pelos atos que pratiquei e afetaram as pessoas de meu convívio e acabei descobrindo o meu exterior nos relacionamentos ao longo da vida. O limite que consegui alcançar nesta busca foi suficiente para equilibrar meu ego e alcancei a paz.
- Busquei trafegar pelo consciente e inconsciente e encontrei mais decisões conscientes e poucas gravações traumatizantes no inconsciente. Assim, o limite em que me assentei neste espaço do consciente e inconsciente proporcionou-me equilíbrio e alcancei a paz.
- Busquei observar as minhas decisões racionais e irracionais e concluí que a maioria delas foram racionais, assim o limite que alcancei entre ambas me proporcionou equilíbrio e alcancei a paz.
- Busquei olhar para o tempo expresso pelo passado e futuro e vi a vida vivida e a que vai chegar. O limite onde me assentei na barca do tempo permitiu-me olhar para traz e sentir as mesmas emoções e alegrias por tudo que passou. E, depois, virar para frente e ainda ter planos para o que vai acontecer. É a vida equilibrada pela emoção e a esperança. Então, alcancei a paz.
- Busquei sempre a saúde por conhecimento adquirido sobre os diversos males ao corpo causados pelos meios e processos de viver. Mas tropecei algumas vezes na doença. No entanto, aproximei-me mais do polo saúde. O limite que alcancei neste trajeto entre saúde e doença proporcionou-me o equilíbrio suficiente para alcançar a paz.
- Busquei acreditar em mim mesmo e muito mais em Deus com fé sólida e afastada do ceticismo. O limite que alcancei bem próximo do polo fé trouxe-me equilíbrio e motivação nos diversos momentos da vida e alcancei a paz.

- Busquei entender o fracasso nas escolhas feitas pela infinitude das opções ofertadas e senti a importância de estreitar o infinito tornando-o pequeno (finito) para melhorar o sucesso nas escolhas. Senti, ainda, a vida em dois momentos sincronizados entre o finito (corpo) e o infinito (espírito) buscando satisfazer ora um (corpo), ora outro (espírito), mas com o olho no futuro infinito (espiritual apenas) que me tornarei. O limite que consegui mais próximo das atividades finitas, no momento, trouxe-me equilíbrio e satisfação e alcancei a paz.

Fora das polaridades, mas, sim, nos limites de cada pessoa, encontra-se a paz.

MENSAGEM FINAL

O infinito está em tudo, nas nossas vidas. Veja como está presente na vida de cada um! E o finito buscando seu espaço.

Quantas vezes, na minha infância, caminhando a pé de volta da escola após às 11 horas da noite, a estrada empoeirada parecia infinita. Relutando contra o cansaço, alcancei minha casa como um ponto no infinito pois a estrada ainda continua.

Quantos encontros tive nas escolas, universidades, nas ruas e caminhos e que foram infinitos. Muitos me encantaram pela beleza feminina. Em alguns dediquei mais tempo, outros nem tanto. Mas um deles sugou toda a minha vida fazendo outros encontros sem valor emocional. E gostei da dominação, pois fez-me feliz durante a maior parte da minha vida.

Quantas vezes chorei sem contar o primeiro choro do nascimento. Foram rios ou lagos de lágrimas, mas a maior parte foi de alegria. Foram muitos ou até infinitas as alegrias na vida que nem sei listá-las todas. Por isso não me preocupo em separar as lágrimas da tristeza e da alegria pois na vida caímos e levantamos, seguimos em frente para cair e levantar novamente até concluirmos que após qualquer queda iremos levantar e seguiremos pela vida até o final que ocorrerá não pelo choro do início da vida mas sim pelo último suspiro.

Quantos desejos tive na vida! E foram infinitos. Alguns alcançados em parte, mas que me satisfez mesmo assim. Ainda tenho o desejo de continuar vivendo esta vida que é linda e disposta a nos mostrar a felicidade e a paz nos infinitos desejos disponíveis para ser encontrados por qualquer um.

Quantos prazeres tive na vida! E foram infinitos. Foram tantos que não devo dar mérito aos desprazeres. Por isso, a vida é prazerosa e com sentido perante a existência, valendo a pena viver com vontade e alegria.

Quantas vezes lutei para conseguir espaço e meios para viver no seio do ter e do poder. E foram infinitos! Foi luta travada na ética e na moral que muito me orgulho pelo suficiente que consegui (finito) para viver a vida com a consciência tranquila, mas com humildade e brilho nos olhos para o convívio com os semelhantes.

Quantos infinitos amores tive na vida! Foram tantos que fizeram a minha vida repleta de carícias. Cativei todos eles e fui cativado por eles. Não consigo mais me separar dos meus amores. Aceito a distância como definidora do espaço entre nós, mas não como perda dos meus amores. Ainda bem que os amores são infinitos e não passam com a morte.

A vida disponibiliza para cada um a infinitude e orienta nossas escolhas para delimitar o que precisa para viver. Estamos sempre fazendo nossas escolhas e analisando o nível de satisfação conseguido. Na insatisfação pela escolha feita na infinitude, ela nos convida a escolher novamente. Somos caminhantes no rumo da satisfação plena que traz a felicidade como meta na vida de cada um. A infinitude nos mostra o finito para tornar realidade a vida de cada um. Precisamos entender a infinitude em tudo que vivenciamos na vida para podermos encontrar a verdade que hospeda a realidade para a construção da vida de cada um.

A infinitude gera a liberdade para se realizar as escolhas ao longo da vida humana. Que poder tem os infinitos!

REFERÊNCIAS BIBLIOGRÁFICAS

BARBOSA, C. *Equilíbrio e Resultados*. Rio de Janeiro: Sextante, Rio de Janeiro, 2012.

BARROS, A. *Líder transformador*. Fundação Dom Cabral (FDC). MBA Empresarial (Apostila).

BOMTEMPO, C. *O que meu coração aprendeu*. Barbacena: Centro Gráfico e Editora Ltda,2005.

CURY, A. *Ansiedade:* como enfrentar o mal do século. 1ª. Ed. São Paulo: Saraiva, 2014.

DETHLEFSEN, T. & DAHLKE, R. *A doença como caminho:* uma visão nova da cura como ponto de mutação em que um mal se deixa transformar em bem. Trad.: de Zilda H. Scild. São Paulo: Cultrix, 2007.

FERREIRA, R.N. *O sagrado coração de Lola:* a "Santa" de Rio Pomba. Brasília: LGE Editora, 2007.

MARCUM, D. & SMITH, S. *O fator ego:* Como o ego pode ser seu maior aliado ou seu maior inimigo. Trad.: de Sônia Schwarts. Rio de Janeiro: Sextante, 2009.

MURPHY, J. *O poder do subconsciente*. Trad.: Ruy Jungman. 60a ed. Rio de Janeiro: Bestseller, 2012.

PERISSÉ, G. *A palavra é futuro*. Belo Horizonte: Editora Gutenberg, 2012.

WEISS, B. *A divina sabedoria dos mestres*: um guia para a felicidade, alegria e paz interior .Trad.: Fabiana Colasanti e Luiz Antônio Aguiar. Rio de Janeiro: Sextante, 1999.

WINSTON, R. *Instinto humano*. Trad.: Mário M. Ribeiro e Sheila Mazzolenis. São Paulo: Globo, 2006.

editoraletramento
editoraletramento
grupoletramento

editoraletramento.com.br
company/grupoeditorialletramento
contato@editoraletramento.com.br

casadodireito.com   casadodireitoed   casadodireito

Grupo
Editorial
LETRAMENTO